戦略思考で
マーケティングは強くなる

なぜ「戦略」で差がつくのか。

Daisuke Otobe
音部大輔

目的と資源

はじめに

経営戦略、マーケティング戦略、広告戦略、営業戦略……企業は、たくさんの「戦略」で溢れている。

ビジネスパーソンにとって、「戦略」は魅力的な響きを持つ言葉だ。知的に洗練された印象を与えるし、先進的で有能な匂いも醸し出す。戦略という概念そのものや、そこで語られる内容がなにやら高尚な感覚を与えるのかもしれない。こういった連想を持つ甘美な単語であるがゆえに、必要以上に多用されている可能性もある。

一方、日常的に多く使われている割には定義や意味が曖昧なので、ビジネスの現場で混乱や誤解を招く原因にもなっている。

事業縮小といったどちらかといえば後ろ向きで歓迎しにくいことの説明に「戦略的判断」と飾り言葉として使われたり、「今回のブランドは戦略ブランドになる」など、ただ単に「重要な」という意味で形容詞的に使われたりすることもある。さらに、「政治的な判断」と同義で使われたり、極度に合理的、つまり非人間的の言い換えとして使われたりと、「戦略」という言葉は使い道が多い。

しかし、これらは戦略の本義ではないし、思考の道具としての戦略を実践的に使う用法を示すものではない。

だからといって、いまさら「戦略ってなんですか?」と聞くのも気が引けるものだ。そもそも誰に聞いたら明確な答えが得られるのかもよくわからない。分野ごとに戦略の専門家といわれる人物も存在するが、その専門家が使っている「戦略」と、自分たちが普段使う「戦略」が同じとは限らない。レーシング・ドライバーに一般公道での自動車の運転術を聞くのが正しいとは限らないようなものだ。

つまり「戦略」は、いまだにかなり曖昧な単語だということだ。

それぞれの会社や組織において「戦略」の意味をきちんと定義付けられていれば、その組織においては機能するはずだが、実際のところ、「戦略」の定義を明確にしている会社は多くない。戦略コンサルティングファームではなく、一般の事業会社や代理店となるとむしろ定義付けている会社のほうが少ないだろう。定義付けていたとしても、日常的な使用に耐えない長文で規定されているかもしれない。戦略の定義をA4用紙の半ページ分を使ってされても、それを実用に供するのは簡単なことではない。

戦略は思考の道具である。シンプルなほうがいい。

あなたが仕事の中で、「戦略」という言葉に触れる機会が多いと感じているなら、試しに「戦略が必要でない状況」を説明してみよう。いま使っている定義でうまく答えられれば、すでに実用的な概念をお持ちかもしれない。

もしそうでないなら、この本は新しい知見やヒントを提供できるに違いない。より的を射た議論ができるようになるだろうし、戦略の恩恵をより多く得ることになるだろう。来週から戦略の議論を少し整理したり深めたりするのに役立つはずだ。戦略の概念や考え方についてほかのメンバーと共有の度合いが進んでいけば、議論の効率も上がっていくだろう。そうすることで、戦略やその実行がより効果的になる。

戦略は我々を誘惑する。戦略というのは魅力的な単語なのだ。ちゃんと体得すれば、言葉の響きが魅力的なことに加えて、きわめて強力な道具になる。いままでよりも戦略的に考えられるようになるし、戦略性に富んだアイデアを出すことが可能になる。

そのために、まず、言葉の定義から話を進めていくこととする。そして、実践に供するための戦略の概念と、思考の道具としての使い方を説明する。

これから示す内容は、著者が経験した外資系企業や日本企業のマーケティング部門で共有してきた戦略概念でもある。大量のデータから消費者を理解し、ブランドのヴィジョンを描き、ブランドを管理・運営し、社内外の調整をしつつも、日々競合と対峙し、「戦略」を組み上げ、「戦略的に考え」た「戦略性に富む」マーケティング計画を生み出していくべきマーケティング担当者のための、実践的な方法の説明である。同時に、マーケティング担当者以外でも、戦略の考え方を理解するのに役に立つことだろう。

「戦略」はシンプルで負担のないものでなければ、忙しい日常業務での使用に耐えない。また、一部の知的エリート、スペシャリストやマネジメントのみが活用できるものでは限定的すぎる。本書は、読者が「戦略」を思考の道具として体得されることを目指している。

あなたの日々の判断や計画立案が、いままでより「戦略的」になれば本書の目的は達成されたといえる。

２０１７年３月

音部大輔

◆目次

CHAPTER 3
「資源」を解釈する
戦略の構成要素②

CHAPTER 4 戦略の効用

CHAPTER 5 戦略を組み立てる

CHAPTER 8 「戦略」をより深く理解する

CHAPTER 1

戦略を定義付ける

CHAPTER 1-01

戦略を定義するための出発点

❖戦略と混同されがちな4つの概念

「戦略の定義とは?」。マーケター育成を目的とする社内セミナーを行う際に、私が最初にする質問である。

出てくる答えはさまざまだけれど、大きくは、

・計画
・目的
・ヴィジョンや理念
・方針

にグループ分けできる。

そこでふたつ目の質問として、「これら4つと戦略との違いは?」という問いを投げかけると、多くの受講者はうまく答えられないことが多い。「たとえば……」と具体例から説明を始める回答者が多く、汎用性のある概念的な説明ができる人は少ない。

戦略の概念が明確になっていない、というのがそのひとつの理由である。事象を概念的・抽象的に理解し、説明すること自体に慣れていないという理由もあるだろう。

本章では、「計画」「目的」「ヴィジョンや理念」「方針」が、戦略とどう異なるのかを最初に見ていこう。これら4つの単語と戦略との違いに着目することで、戦略が持つ特徴的な側面が明らかになっていくはずだ。

概念①──戦略は「計画」なのか

まずは「計画」から始めよう。計画とは物事を行うためにあらかじめ方法や手順などを考えること、あるいはその方法や手順そのものを指す。戦略とは計画である、という回答は、ある種の「計画」を戦略と呼ぶ、という考え方だと理解すればよさそうだ。

たとえば、「来年の戦略は、縮小しつつある商品Aにテコ入れし、新しい消費者を獲得するために商品Bを新規に市場導入する」という文章。ここで、「来年の戦略」とされている部分を「来年の計画」と書き換えても意味は通る。互換性があるのだから、戦略＝計画と混同するのも無理はない。

同時に、計画の成り立ちを考えたとき、その計画はなにを拠り所につくられるのか考える必要がある。特に、計画が具体的な行動計画に類するものであるとき、計画の立案を導く方針や指針があると、無理や無駄のない計画がつくれそうだ。また、関連する複数の計画にも一貫性が出るだろう。具体的な計画の立案を助けたりする機能を持つべきものがあると都合がいい。それこそ戦略ではなかろうか。だとすると、戦略は計画よりも上位の概念であるはずだ。

戦略は方向性を指示したり、取捨選択して計画をつくったりする際の判断基準を示す働きを期待されている。ここに戦略と計画は大きな違いがある。

概念②――戦略は「目的」なのか

次は「目的」である。目的も、戦略と同じ意味に使われることが多い。「我々の戦略は消費者満足の最大化である」や「どこよりも安い価格で提供するのが戦略である」などはこの例だ。消費者満足の最大化は目的たりえるし、どこよりも安い価格で販売するというのも、目的となりうる。計画の場合と同じように、多くの文脈において戦略と目的は同義語になる。これも、戦略を考えるにあたって大きな誤解につながっている。

しかし、目的と戦略にも大きな違いがある。戦略は、目的をどうやって達成するかを示すべきもので、目的そのものであるべきではない。戦略が具体的な行動計画を導くものであって計画そのものではないように、目的は戦略が達成を助けるものであって戦略そのものではない。

概念③——戦略は「ヴィジョンや理念」なのか

「ヴィジョンや理念」も戦略と同義化しやすい概念のひとつである。「我々のヴィジョンは消費者満足の最大化である」も「我々のヴィジョンはどこよりも安い価格での提供である」も、ともに通用しそうだ。

ヴィジョンや理念と戦略の混同の原因は「目的」の場合と同じである。表現の上では、ヴィジョンや理念と戦略は互換性がある。しかし、意味となると、戦略とヴィジョンや理念の間には違いがある。

ヴィジョンや理念は、個人なり組織なりが求める究極的な達成や、存在理由を示すものである。説明を要さないほどに絶対的な善であることが多い。「全人類が平和でありますように」というヴィジョンに異を唱える人はいないし、「すべての消費者の満足のために」というヴィジョンにも異を唱えにくい。

こういったヴィジョンや理念には、基本的に説明は必要ない。誰しもが正しいと思えることだからだ。同時に、ヴィジョンや理念は、それをどう達成していくかの直接的な方法を指し示すものではない。ここが戦略との大きな違いである。

ただ、たとえば「地球環境への負荷を減らす」というヴィジョンが、目的達成に際して環境負荷がもっとも少なくなる選択を迫る、といったことは起きる。この場合のように、ヴィジョンや理念が戦略の在り方に影響を与えることはある。

概念④――戦略は「方針」なのか

戦略が「方針」あるいはもっと具体性を強めて「指針」であるという考え方は、戦略がどう機能するかという側面をうまく捉えている。

広く見れば、戦略は方針のひとつだと考えてもいい。目的を達成するために実行計画を策定する際、方向性を指示し、選択を迫ったり選択肢を提供したりすることもあるだろう。具体的な計画のように目的を達成する方法が従属するのであれば、方針や指針であることは、戦略の作用を明確に説明していそうだ。

そこで、本書では、戦略は、目的を達成するためのなにがしかの方針・指針であると考える。どのような方針であるのかは、順を追って説明していこう。

❖なぜ戦略が必要なのだろう

「戦略の定義とは?」

「戦略と混同されがちな、計画、目的、ヴィジョンや理念、方針、と戦略との違いは?」

このふたつの質問を経ることで、曖昧だった戦略という概念が徐々に明確になってきていることと思う。

そこで3つ目の質問である。

「なぜ戦略が必要なのか?」

戦略の定義の曖昧さとともに、戦略がなにに貢献するかが曖昧なままにされていることも少なくない。戦略がなにに貢献するのか、その存在理由を問うことで、曖昧な定義を明確にするヒントが見つかるかもしれない。

定義がわからなければ必要な理由もわからない、と考える読者もいるだろうが、定義がわからなくても必要な理由はわかる。自転車に喩えて説明しよう。

自転車の定義が明確でなくても、自転車が必要な理由はわかる。歩くよりも早く簡単に移動するために、移動時に操縦すること自体を楽しみたいために、などが挙げられる。

それぞれに対して、必要な自転車を定義付けることは可能だ。早く簡単に移動するなら買い物に使う日常の自転車が必要であるし、操縦自体を楽しむなら遠乗りやレースに使う自転車が必要になる。

「なぜ必要か」という質問は、定義をするにあたって重要な論理の順序を示してくれる。

もし「なぜ戦略が必要なのか?」という問いに答えにくければ、「はじめに」で出てきた「戦略が必要でない状況はどのような場合か?」という問いからスタートしてもいい。「戦略が必要でない状況」が規定できれば、「戦略が必要な状況」を示すことはさほど難しくないし、ここから戦略が必要な理由を導くこともできるだろう。

さらにいえば、なにかがなければ戦略が必要ない、という事実がわかれば、なにかがあるから戦略が必要である、という命題が正しくなる。対偶が真ならば命題も真、である。

理由① 達成すべき「目的」がある

戦略が必要な第1の理由は「達成すべき目的があるから」である。対偶で説明するなら、「達成すべき目的がなければ、戦略は必要ない」となる。

あまりに自明かもしれないが、組織は目的が明確でない計画や行動に満ちている。そもそも、人間は明確な目的を持って生まれてきているわけでもないのだ。

やれといわれたから、みんながそうしているから、いつもそうしているから、とりあえず電話しておく、とりあえず会議に出ておく、とりあえずメールに返信しておく。新製品導入の時期だから新製品を出しておく。こうした「とりあえず」の行動は、個人の単位でも企業の単位でもとても多い。

いや、そんなことはない、という人もたくさんいるだろう。部下の努力に対してお礼のメールを打ったとしよう。目的は「感謝の気持ちを伝える」である。ほら、ちゃんと目的を持っている、と。

もちろん、これで十分かもしれない。同時に、もっと明確にできるかもしれない。たとえば、今回の努力に報いたいだけでなく、今後のさらなる励みにしてもらいたいのだという目的意識が明確になっていれば、メールの内容は違ってくるはずだ。きっと、メールの効用もより高まる。

「このサンプリング（試供品の提供）の目的はなんですか？」という質問に対して、「1人でも多くの消費者に製品を渡すことです」と回答されたことがある。会話になっているように聞こえるが、これではサンプリングという行動の記述に過ぎない。カテゴリー（製品分野）の非使用者にカテゴリーの体験をしてもらいたいのか、ブランドの使用者に新しいアイテムを追加使用してもらいたいのか、競合ブランドの使用者に製品体験を通して自ブランドの優れた点を認識してもらいたいのか。目的によって最適なサンプリングの仕方は異なるだろう。「1人でも多くの消費者に製品を渡す」という目的しか設定できていない場合よりも、きっと効果的なサンプリングができるはずだ。

まったくの無目的で行動を起こすことは少ない。特にビジネスにおいては、なにがしかの表層的な目的はある。問題は、どれほど明確に目的を意識しているか、である。

目的をいかに明確にするか、はその後の行動計画と有効性にきわめて大きな影響を及ぼす。

理由②「資源」に限りがある

「目的」の存在以外にも戦略が必要な条件がある。それは、「資源」には限りがあるということだ。

もし資源が無限であれば、考えつくことをすべて実行すればいいのだから戦略は要らない。しかし、資源は常に有限である。

たとえば、重要な資源のひとつである時間。どれほど莫大な資金や人員を用意できたとしても、目的には時間制限がある。シェア目標や売上目標の達成時期、新商品の導入時期、さらにメールひとつ打つにしても、期限はあるはずだ。

もちろん、有限の資源は時間だけではない。どれほど莫大な量をそろえることができたとしても、人材にも、資金にも、製品技術にも、それ以外の企業のあらゆる資源にも、限界はある。限界があるがゆえに、達成手段について取捨選択しなくてはならないし、この取捨選択に資源の使い方の巧拙が出てくる。すなわち、資源をいかに配分するかということである。ここに、戦略を持つことの意味が生まれる。

どこに、どういった優先順位で、どの程度の資源を使うのか。戦略がその指針を提供しなくてはならない。

❖「外部環境の不確実性」は戦略の存在理由にならない

経営戦略論の中でも戦略計画学派といわれるイゴール・アンゾフやアルフレッド・チャンドラーたちにとっての戦略思考は、不確実な外部環境への適応方法を示すものだった。不確実性に対処するために戦略が必要なのだという考え方は存在するし、尊重すべきものでもある。しかし、同時に、ここまでの議論で眺めたように、外部環境の不確実性の存在そのものが戦略の必要を生んでいるわけではない。外部環境の不確実性を重視しなくてはならないのは、目的や資源に多大な影響を与えるからである。外部環境の不確実性に戦略がいかに対応するかというテーマについては、第4章で詳述する。

❖戦略とは「目的達成のための資源利用の指針」

戦略を定義付けるための3つ目の質問、「なぜ戦略が必要なのか？」に対する答えは、「達成すべき目的があり、かつ資源が有限であるから」である。目的がなければ戦略は必要ないし、資源が無限であれば戦略は必要ない。そして、この議論は戦略の定義をわかりやすく示唆している。

戦略は有限の資源をもって目的を達成するときに必要である。ということは、戦略を定義付ければ、「目的達成のために資源をどう利用するかの指針」となる。

個々の固有の状況における仔細な記述は可能なので、数え切れないほどの戦略論が出版されているが、本質的には「目的」と「資源」のふたつの要素に集約される。

あまりに簡単すぎて不安になる読者もいるだろう。しかしながら、簡単であることは重要なポイントなのだ。これは、戦略という概念を実際に運用し、思考ツールとして活用するための定義だからである。戦略という概念自体が難しすぎては、戦略を組み立てるという「目的」を達成するための時間や労力といった「資源」を無駄にしてしまうかもしれない。

では、戦略の2大構成要素である「目的」と「資源」の詳細な議論を、次章以降で積み重ねていこう。

CHAPTER 1-02

戦略があるとなにがいいのか

❖戦略がある利点

戦略の定義は理解できた。その定義の重要な構成要素がなんであるかも理解した。

ここで4つ目の質問である。

「戦略があるとなにがいいのか？」

「目的」と「資源」を意識した戦略があることで、我々はどのような利点を享受できるのだろうか。

利点① 効率的に資源を運用することで、効果的に目的を達成することができる

達成すべき目的があり、資源が有限である場合に戦略が必要になる。定義に従えば、戦略があることで、我々は限られた資源で目的を達成しやすくなる。それは資源を効率的に使えることで、効果的に目的を達成することができるからだ。そして、ただ達成するだけでなく、よりよく目的を達成できるかもしれない。ここでいうよりよくとは、

・達成の度合いが設定された目的よりも大きい場合
・達成の度合いは設定された目的のとおりだが、投下した資源が予定よりも小さい場合
のふたつが考えられる。

達成の度合いが設定された目的よりも大きかった場合とは、シェア10％を目指していたが12％を確保したなどをいう。ひょっとすると、事前に設定された目的が低すぎたか、不確定要素を読み間違えたか、資源が大きすぎたかといった非効率が発生していたかもしれないが、目的を大幅に達成したことに変わりない。

達成の度合いは設定されたとおりであったけれども、投下した資源が予定よりも小さかった場合とは、半年後に10％のシェアを達成するはずが3カ月でできてしまったなどが考えられる。こちらも素晴らしい成果である。

行動主体である組織やあなた自身が資源の節約を気にしていた場合、後者のほうがむしろ喜ぶべき成果かもしれない。複数の戦略が連続して企図されている場合、特に資源の温存は高い価値になることがある。もともと使おうと考えていた資源を次の展開で使えるのであるから、達成の総量は大きくなるはずである。

利点② 経験値を獲得できる

では、目的が達成されなかった場合はどうか。目的が達成されなかったのであれば、そ

れはすでに戦略が破綻しているのではないか。そのとおりである。とはいえ、「こうやったら失敗する」という知識は、失敗の経験を通して新しく獲得した資源だといえる。成功し、勝った場合のほうが学習効果は高い。負け方ではなく勝ち方がわかるからだ。

とはいえ、経験値は失敗からも得ることができる。経験値を獲得できていれば、それは単なる失敗や敗北ではなく学習である。ふたつの相反する仮説があり、その片方に基づく戦略企図であったのだとしたら、この失敗はむしろ次の一手での成功の一部分だと考えてもいい。残る仮説が効果的な戦略を導いてくれる可能性はずっと高くなるだろう。

世の中には1回限りの勝負も少なくないが、複数の局面が連続することも多い。2回戦目があるのならば、そこで失敗も敗北も挽回できる。そのためには、経験値獲得の効果が高く、2回戦目に備えて資源の損耗を最小化した「いい負け」をする必要がある。戦略を明示しておくことは、この学習を助ける。

利点③ 意思決定に役立つ

意識するしないは別にして、人生は意思決定の連続である。ビジネスにおいてはいうに及ばず、リンゴをひとつ買うにしても、それは意思決定である。同じ値段ならいいリンゴを買いたい。同じリンゴなら、より少ない資源で買いたい。時間であれ資金であれ、手持ちの資源を効率よく使いたい。

そして、資源は常に有限である。その最たるものは時間で、いうまでもなく人生は有限だ。

いい戦略があることで、意思決定をしやすくなる。なにを達成すべき目的とし、どのような資源が入手可能なのか明示することができれば、優先順位は自ずと決まってくる。意思決定の説明は難しくない。戦略が意思決定の大義になり、根拠になり、説明に使えるからである。

利点④　計画に一貫性と安定性が出る

戦略が大義として確立されていれば、意思決定をしやすくなるだけではなく、その戦略に基づいてなされた決定に固執しやすくなる。「固執」と聞いて否定的な印象を持たれるのであれば一貫性と言い換えてもいい。いずれにせよ、機能していない施策に頑迷に固執するのは正しいことではない。一方、合理的に説明できる戦略に一貫性をもって固執するのは正しいことである。

資源が有限でありながら目的を達成しようとするとき、思いつきや感情に任せて方向転換することは資源の濫用につながる。ギリギリの資源で高い目的を達成しようとするときに、資源の無駄使いは許されるものではない。頻繁な方向転換、思いつきの朝令暮改は資源の濫用に直結する。特に想定外の事態が発生したときなどに起こすパニックの状態には頻繁な方向転換や混乱が発生しがちだ。

戦略が大義として存在することで、感情的な方向転換や一時の思いつきによる朝令暮改を回避することができる。合理的に説明のつかない資源の無駄使いを回避する手段を持つことは、目的達成のための組織にとって有用であるだろう。

これ以外にも戦略を持つことの意義はたくさんある。戦略の効用については、第4章で詳しく議論していきたい。その前に、「目的」と「資源」について詳しく説明していこう。

CHAPTER 2

戦略の構成要素①

「目的」を解釈する

CHAPTER 2-01

目的にはいいものとそうでないものがある

いい目的がないと人も組織もつまずく

「戦略とは目的達成のための資源利用の指針である」と、前章で戦略の定義を明らかにした。

戦略を強力な思考ツールとして使いこなしていくために、「目的」と「資源」のふたつの重要な構成要素を十分に理解することはとても重要である。

そこで、本章と次章で「目的」と「資源」について詳しく考察していこう。まずは、「目的」である。

戦略を組み立て、戦略的に考えるにあたっては、「目的」を明らかにする必要がある。目的を明確にすることは自明に見えながら、自覚されることなく大きなつまずきの原因になっていることが珍しくない。そうした事例をいくつも見てきた。組織の規模の大少にかかわらず、経験や知性の高低にかかわらず、戦略的な失敗の大きな部分を「目的」の不明確さが占めている。いい目的がないまま、事にあたることで組織も個人もつまずきやすくなるのだ。

◈いい目的を持つことの意義

では、いい目的とはどのようなものだろう。そして、いい目的が設定されているとなにがいいのだろうか。ひょっとすると、明確な目的設定の効用を明確に理解していることは少ないかもしれない。詳細な目的の議論に入る前に整理しておきたい。

この「いい目的とはどのようなものか」という質問に直接答えるのが難しければ、いい目的がなかった場合になにが問題になるかを考えてみることはヒントになる。戦略が不要な場合を考えたのと同じ思考方法だ。

いい「目的の設定」がなかった場合には、次のような事態が発生することが多い。

どこを目指すべきなのかが不明確になり、遠回り、寄り道、逸脱が頻発する。そもそも、目的が曖昧なままだと、いま近道を進んでいるのか遠回りしているのかさえ判断できなくなる。遠回りというのは、最短距離に対する概念であるから、最短距離がわからなければ遠回りかどうかさえわからない。逸脱も同様である。

組織・チームで事にあたっている場合、個々人の間での意思の統一がしにくくなる。目的の達成のための直接的、合理的な結束ではなく、個人的な人間関係や組織への帰属意識による結束しかできなくなる。

同じ部署だから、同じプロジェクトに従事しているから、何年も一緒に仕事をしているから団結するというのは、ないよりはずいぶんとマシであるけれど、共通の目的に基づいた結束ほど強いものにはなりにくい。枠組みとしての帰属意識なり人間関係なりは必要であるけれど、一丸となって自発的に結束するためには不十分なこともある。

邁進するための目的があると、協調し結束する合理的な理由を確立できるので、個々人の自発的な団結を促すことができる。

目的が不明確であっても行動計画は策定され、実行されていく。なぜなら、組織は、特に勤勉な人たちが集まった企業のような組織は、行動を是とするものであるからだ。曖昧な目的に基づいた行動計画は人々を忙しく働かせるけれど、大きな成果につながるような働き方になりにくい。目的とはあまり関係なく設定されたスケジュールに合わせて、行動自体が目的化した組織運営になることもある。

徒労とまではいかないものの、時間や労力といった総資源の投下に対して得られる成果が著しく限定的になっていくだろう。忙しさからくる達成感はあったとしても、目的の達成につながらないかもしれない。

いい「目的の設定」があることで、どこを目指すべきかが明確になり、それゆえ現状の進捗を把握でき、組織・チームを「目的」達成のもとに結束させられ、その達成確率を上げられるということになりそうだ。もちろん、投下した資源に対する成果は、無目的の状況下よりも満足のいくものになるだろう。

これらがいい「目的」を持つこと、すなわちいい「目的設定」をすることの効用である。

◈いい目的には曖昧さがない

いい目的を持つことの意義は理解できた。では、いい目的とはどのようなものなのだろうか。いい目的とそうでない目的の違いについて理解を進めるために、次の３つの「目的」について、なにが問題なのか考えてみよう。

なお、ここでは目的そのものについて純粋に議論したいので、目的の達成可能性、つまり資源の量が十分であるかどうかという問題は外しておく。資源は必要にして十分なだけ与えられるものと仮定しよう。

①ビジネスを成長させる

②利益を最大化する
③新商品Xを早急に市場導入する

多くの企業や組織でよくありそうなものだが、これらはいい目的だろうか。よくない目的だろうか。もし、そうだとすると、なにが理由だろう。それぞれについて考えていこう。

①ビジネスを成長させる

ここでは、ビジネスとはなにかという部分が曖昧だ。

売上至上主義の会社であれば売上数量あるいは売上金額になるのかもしれないし、利益至上主義であればビジネスの成長とは利益額あるいは利益率の増加かもしれない。競争相手からの影響を大きく受ける業界においては、市場シェアの拡大こそがビジネスの成長だと捉えていることもあるだろう。「ビジネスを成長させる」という表現で目的を持っていることは重要だが、これではあまりに曖昧である。

多少曖昧でも目的があるほうがないよりもずいぶんといい。とはいえ、曖昧な目的では進捗状況も把握できない。進捗状況がわからないと、行動計画を変更すべきなのか、維持すればいいのか、さらに強化しうるのかもわからないことになる。それでは経験値にもつながりにくい。目的があっても、それが曖昧では不十分なのだ。

②利益を最大化する

この目的のもとで目指すべきは、売上やキャッシュやシェアではなく、利益の最大化である。極端な話、利益額さえ達成できれば売上総額やシェアはどうでもいいと理解できる。①よりもずいぶんと明確である点は素晴らしい。なにが重要か、なにに焦点を合わせるのか明確にすることで資源の投下効率は上がり、結果的に成功確率も上がるだろう。経験値も、焦点を絞って獲得できる。

では、最大化とはなにか。これはいつまでにどの程度まで達成すればいいのか。それに、利益とは税引き前なのか、税引き後なのか、営業利益なのか、経常利益なのか。ひょっとすると利益「率」なのか。解釈次第で改善すべき課題なり改善のための手段なりが変わってくるかもしれない。結果的にはそのための行動計画に必要な資源の質や量も違ってくるだろう。

目的は関係諸部署、関係者たちがそれぞれ別々の解釈をすることなく、きちんと共有しなくてはならない。曖昧さは極力排除しておきたい。解釈次第で投入可能な資源に変化があったり、行動計画が大きく変わったりするような場合には、特に解釈不可能性を意識することが重要である。

③新商品Xを早急に市場導入する

実際、年次や中期の目的としてこのような文章を目にすることも少なくない。ところが、これはあまりいい目的ではない。

そもそも、どうして新商品Xを導入したいのか、その目的を明らかにしておきたい。導入に集中するあまり、導入そのものが重視されるような事態を招くことになる。手段が目的化した結果、残念なことになった企業やブランドをいくつも見ている。

なぜこういうことが起きてしまうのか。目的と手段は相互に関連しているという構造にも起因する。上位の目的を達成するための手段は、下位の目的になる。

新商品Xの導入にしても、上位の目的、たとえば「2年以内に市場シェア首位を獲得する」といった目的の達成手段のひとつであるだろう。新商品Xのプロジェクトチームにとってみれば、新商品Xの導入は最重要目的である。導入までには多大な困難を乗り越えていかなければならない。その過程で、導入こそが最大の目的となっていく。目の前にある導入前の困難が、導入後のことを覆い隠してしまう。導入さえすれば、あとはなんとかなる、という気運が支配的になることもある。

新商品Xが組織にとって重要なプロジェクトであればあるほど、新商品X導入にかかわる困難について議論をすればするほど、組織全体の新商品X導入そのものへの関与度が上がっていき、いずれその導入自体が目的化してしまう。

説明したように、上位の手段は下位の目的となるのは必然的な構造だ。行動計画はあくまで手段である。その向こう側には達成すべき目的があることを忘れるべきではない。

いい「目的」には曖昧さがなく、自己目的化した手段であるべきではない。曖昧さと自己目的化を回避した、いい「目的」を設定するためにはどういう配慮をすべきだろうか。曖昧さについて続く第2項、自己目的化についてその次の第3項で、そしてより本質的な目的を見出す方法を第4項で説明していこう。

CHAPTER
2-02

いい目的を設定する強い味方——SMACとSMART

❖解釈の余地なく目的を表現する

ここまで見てきたように、誰もが等しく理解できる目的を設定することは意外と難しい。しかし、幸いなことに目的設定のためのいい道具がある。SMAC、SMARTという概念がそれである。

SMACというのは、Specific（具体的）、Measurable（測定可能）、Achievable（達成可能）、Consistent（一貫性がある）をつなげた単語だ。一方、SMARTはSpecific（具体的）、Measurable（測定可能）、Achievable（達成可能）、Relevant（関連性がある）、Time-bound（期限設定）で構成されている。

P&GではSMACを使い、ユニリーバではSMARTを使っていたけれど、双方のSMAの部分は同じ単語の頭文字、CとRTの違いはあるが、ともにとても似た概念である。

場合によっては、MがMeasurable（測定可能）ではなくMethodological（方法論の明示）とすることがある。また、AもAchievable（達成可能）ではなくAgreed（合意された）となることもある。ひとつずつ説明していこう。

◈Specific（具体的）――数値化する

Specificとは具体的ということである。具体的であれば、解釈の余地を小さくできる。具体的であるためには、数値化しておくという方法がある。「市場でのリーダーシップの確立」という代わりに「10％の金額市場シェア」と表現することで具体性は格段に上がる。ここに読み手の解釈の差が入り込む余地はない。

もちろん、結果としての市場シェアではなく、シェアにつながる配荷率といった目的の数値化もありうる。結果というよりは決定的に重要な経過点を観測することになる。プロセス・メジャーと呼んだりするが、仕組みの改善などに役立てるためには、このほうが結果そのものの測定より効果的なことも多い。

◈Measurable（測定可能）――測定方法、単位を明らかにする

Specific（具体的）に記述すると、必然的にMeasurable（測定可能）あるいはMethodological（方法論の明示）になっていく。明示すべき方法論とは測定方法のことで

図表1 SMACとSMART

Specific	【具体的】
Measurable	【測定可能】（Methodological【方法論の明示】）
Achievable	【達成可能】（Agreed【合意された】）
Consistent	【一貫性がある】

Specific	【具体的】
Measurable	【測定可能】（Methodological【方法論の明示】）
Achievable	【達成可能】（Agreed【合意された】）
Relevant	【関連性がある】
Time-bound	【期限設定】

あると考えればわかりやすい。同時に、単位を明確にしておくこともここで要求される。Measurable（測定可能）とMethodological（方法論の明示）は、アプローチの違いはあっても現実的にはかなり近い意味を示している。

10％の市場シェアを目的に設定したとしても、測定できなければ意味がない。市場シェアは数量シェアなのか、金額シェアなのか。さらに、測定方法の厳密さも含むべきだろう。9・5％は端数を繰り上げて10％としてもいいのか、やっぱり10・0％以上でないとダメなのか。

Specific（具体的）とMeasurable（測定可能）あるいはMethodological（方法論の明示）は、ふたつでセットにして運用するといい。数値化し、測定方法が定まっていること。できれば必要な精度も示しておくと、目的達成か否かで無駄な議論を避けることができる。

❖Achievable（達成可能）――実現可能性を測る

Achievable（達成可能）とは目的の達成が可能そうであること、あるいは達成が不可能ではないことを意味する。それに対し、Agreed（合意された）は組織や会社の中で合意がとれていることを示すので、ここはそれぞれ意味が違う。組織によって目的の達成可能性を優先する場合と、組織内・社内の意思統一を優先する場合があるのだろう。前者は社外の不確実性、すなわち外部環境へ働きかける資源の充足度合いという側面に対しての意識が強く、後者は社内調整、すなわち内部環境に働きかけるという側面を重視しているのかもしれない。

当然のことながら、目的を明示するにあたっては達成可能性も合意も、ともに大事であることは間違いない。Agreed（合意された）かどうかは、確認してみればいいので判断は難しくない。Agreedでなければ合意を取りにいけばいい。しかしながら、Achievable（達成可能）を担保するというのは簡単なことではない。簡単ではないが、ここをきちんとしないと非現実的な目的を設定することになり、結果的に戦略自体に意味がなくなってしまう。「当たるも八卦当たらぬも八卦、やってみねばわかるまい」では、いかにも説得力に欠ける。運を天に任せる前に、戦略思考をもってやるべきことはある。

帰納的に可能性を測る

そうした事態を避けるには、目的の種類に合わせて適当な手段で実現可能性を測っておこう。過去の実績を参考にするのはよく使われる手法である。

たとえば、達成すべき目的を市場シェアで規定したのであれば、過去の実績を独自に蓄積したデータベースをもとに、投下予定のマーケティング予算や想定される店頭状況などといった影響力が大きそうな変数を入力することで、将来の市場シェアを予測するサービスを提供する調査会社もある。

そういったサービスを受けない場合でも、過去の経験から目的達成の可能性を推し量ることはできるだろう。今後6カ月で市場シェア10%を確保するという目的の達成可能性を考える場合、過去の成長度合いを振り返って比較してみてもいい。以前にも10%の市場シェアを達成したことがある、惜しいところまでいったことがある、過去18カ月の平均成長率を維持できれば6カ月後に10%までいけそうだ、などといった検証ができれば、過去の延長線上に実現できそうな未来を想定できる。対して、過去5年間の最大シェアが6%だとすると、本当に6カ月で倍に近い10%が達成できそうか、不安になる。このように、経験をもとに推測することは、日常的に誰もがやっていることだ。

ただし、この便利な方法には大きな問題がある。文字どおり、過去の延長線上に未来を見ていることである。もちろん、時間の流れは過去から未来へとつながっているが、世の中には不連続の出来事もたくさんある。

「不連続」をわかりやすく言い換えれば、いままでに経験したことのない大成功や、昔なら夢想もしなかったような成果のことである。自転車では1日かけても辿りつけなかったところへ、自動車なら簡単に行けるのだ。自転車の経験だけで、自動車の限界を推し量るべきではない。過去のモノサシに固執しすぎることで、大きな成長や達成を自ずと抑制することにもなりかねない。これはひとつの大きなジレンマである。特に、大規模なイノベーションや市場創造を計画している場合には、こういった状況に直面しやすくなる。

演繹的に可能性を測る

そこで、もうひとつ方法がある。先の帰納的なやり方ではなく、演繹的な方法である。過去の実績に依存するのではなく、論理の積み上げで目的の達成可能性を予測する。

帰納法的な考え方が必ずしも保守的だというわけではないものの、過去を前提とした未来の想定という考え方自体が、慎重すぎる結論をもたらすことも少なくない。

その点、演繹的に検証するのであれば、新しい試みが過去の実績に抑圧される可能性は少なくなる。過去の経験に基づけば不可能だと予想されることも、論理を積み上げることで達成の可能性を客観的に推察できる。特に、過去には持ち得なかった資源や考え方を導入する場合には適用してみる価値がある。過去の束縛を逃れ、経験したことのないような成果をもたらす道を理性が示すかもしれない。

市場シェア10%を達成する。この目的の達成可能性を測るという作業を具体的にやってみよう。あまり複雑にしないために、ここでは配荷や価格帯による影響はないものとして、新規ユーザーの確保という点に焦点を絞って計算してみる。

現在の市場シェアはわかっているから、具体的な伸び幅は簡単に計算できる。仮に現在の市場シェアを6%とすると、必要な伸び幅は4%分である。この4%分の成長のために、どれほどの売上増が必要なのかは市場規模から計算できる。

仮に市場規模1000億円の市場であるとしよう。4%に相当する分なので、40億円分である。これを、新規に獲得すべき消費者の人数で表記してみる。実際には既存ユーザーがいまよりも多く使うことで成長に寄与することもあると思われるが、ここでは新規ユーザーを取り込むことでのみ成長をまかなう計画だとする。

いままでの経験や消費者調査から、ユーザー1人当たりの平均年間消費金額などを割り出すことは難しくない。仮に4000円分の消費をすることがわかっているとしよう。目的達成に必要な40億円を1人当たりの平均年間消費金額である4000円で割ると、必要な新規ユーザーの総数が算出される。答えは100万人だ。これが目的達成のために必要な、新規に獲得すべきユーザーの総数である。

ほかの事業や過去の実績を考えたとき、あるいは代理店の試算に基づけば、しかるべき広告投下によって全国の対象消費者内で20％の認知を確保するのに所与のマーケティング予算をもって約6カ月で確保できそうだといったことも把握可能だ。認知した人のうち何％くらいが購入に及びそうか、ということも過去をさかのぼったり、ブランド魅力度の調査をしたりすれば理解できる。ここでは仮に認知者の30％が実際に購入して、新規ユーザーになりそうであることがわかっているとする。事前の調査などから、仮に全対象消費者が2000万人いるとする。すると、「2000万人（獲得すべき新規ユーザー数）×20％（6カ月以内に認知すると予想される確率）×30％（認知した人のうち買ってくれると予想される確率）＝120万人」である。目的達成に必要な新規ユーザー100万人に対して新たに120万人を獲得、つまり、この目的は達成できそうだということがわかる。

もちろん、実際の作業ではもう少し多くのプロセス・メジャーを導入するかもしれないが、基本的な考え方はご理解いただけただろう。仮説を持ちつつも、論理的に説明がつけば単なる直感よりも頼りになる。なにより、後ほど検証することが可能になる。

ご覧いただいたように、「……とする」という表現がたくさん出てきている。これらが「前提」である。ずいぶんとたくさんの前提があると感じられるかもしれないが、実際にはもっと多くの前提を必要とすることが多いだろう。

これは複数の帰納法を束ねただけではないのか、という疑問を持たれるかもしれない。確かに複数の帰納法を束ねている。が、プロジェクトそのものを過去の実績をもとにした予測モデルで検証しているわけではない、という点が違う。この方法では、プロジェクトが市場シェア10％を達成できそうかどうかの検証を、演繹的に積み上げられた論理に委ねている。過去の体験に依存しているのは、個々の要素についての前提であって、全体の結論ではない。

ひとつ気をつけていただきたいのは、この計算は説明のためにずいぶんと簡略化してあるということだ。演繹的に未来を予想するという考え方を理解するための例題であって、具体的なやり方を示したわけではないのでご注意いただきたい。

帰納法であれ演繹法であれ、いずれにしても完璧に未来を見通す方法はない。と同時に、ここでのAchievable（達成可能）は確実に達成できるというよりも、確実に達成できないことを排除したいものだと考えてもよい。帰納的にも演繹的にも達成が不可能なのであれば、その目的は変更したほうがいい。あるいは資源を強化する必要がある。

ビジネスに限らず、Achievable（達成可能）であるかどうかというのは、目的を設定する際にはとても重要である。達成可能性のない目的は、根拠なく士気を高める以上の意味を持たない。

❖Consistent（一貫性がある）とRelevant（関連性がある）——方向性や整合性の認識

次に出てくるのがConsistent（一貫性がある）、あるいはRelevant（関連性がある）である。違う意味の単語ではあるが、この文脈ではふたつはお互いによく似た概念を示している。

Consistent（一貫性がある）というのは、戦略の上位概念である会社のヴィジョンや理念や、上位組織の戦略、あるいは現状との一貫性を示している。Relevant（関連性がある）というのも、同時に、会社のヴィジョンや理念、上位組織の戦略、あるいは現状との関連性を維持しているかどうかを問うている。表現こそ違うけれど、方向性の確認や整合性といった、同じことを要求している。

では、組織・会社のヴィジョンや理念、上位組織の戦略との一貫性、関連性とはどういうことだろうか。なぜこれらの一貫性、関連性が重要なのだろうか。

議論を進めるにあたって、戦略の階層性について言及しておく必要がある。

多くの組織は階層構造を持っている。通常、社長を中心とした取締役会が意思決定の機関を構成する。ここで、会社の重要な決定がなされる。その決定に際しては、会社のヴィジョンや理念との整合性、会社が現在採用している戦略との整合性に基づくのが基本だ。ここでの決定は、下部組織が達成すべき目的として、各部門に伝えられる。

たとえば、「世界中の消費者に安価な製品を提供する」というヴィジョンに基づいて、成長中の新市場に新しい工場を建設して、製造・流通コストを下げ、価格を低く抑えるという決定がなされたとする。この決定は、物流部門、製造部門、財務部門や人事部門、あるいは開発部門、営業部門、マーケティング部門などにも伝えられる。

「新しい工場を建設する」という会社の計画は、「新しい工場の建設を成功させる」という各部門が達成すべき目的となる。

具体的には、物流部門と製造部門は新しい工場の提案書を財務部門と一緒に作成しなくてはならないだろう。彼らにとって新工場の建設を成功させる、というのは、新工場が予定どおりの製品を予定どおりのタイミングや価格で取引先に納入できることを指す。

人事部門はその工場用の採用計画を立てなくてはならない。彼らにとって新工場の建設成功は、操業開始の日に工場労働者が準備万端、能力も訓練も士気も高く整っていることを指す。

製品開発部門にとって新工場の建設成功は、新市場でニーズの高い製品群がこの新工場でとどこおりなく製造できることを指す。営業部門とマーケティング部門にとっては、新たな生産能力を最大限活用するために、新市場での売上伸長が担保されることを指すだろう。

このように、新しい工場の建設を成功させる、という各部門共通の目的は、それぞれに解釈し直されていく。それぞれの部門が達成すべき目的に対し、それぞれの部門は意思決定をし、計画を持つ。それぞれの計画は、今度は各部門内の各部署の目的となる。

上部組織の計画は下部組織の目的になり、さらに各部署、各チーム、ひいては各個人が達成すべき目的へと細分化されていくだろう。これがConsistent（一貫性がある）やRelevant（関連性がある）の意図である。上位組織の戦略や計画との一貫性、全社の方向性との関連性がある、という意味だ。

これを明示することで、それぞれの部門や部署の戦略は互いに補完的になるはずで、あちらの部門とこちらの部門がバラバラの目的を達成しようとしている事態は避けられる。

同時に、市場状況、社内状況とConsistent（一貫性がある）であり、Relevant（関連性がある）である必要もある。直接の消費者、競合、取引先だけでなく、広く社会の一般的なトレンドとの関連を認識することも重要なことが多い。

❖Time-bound（期限設定）――締め切りを明らかにする

最後に、Time-bound（期限設定）である。TはSMACにはないが、きわめて重要な概念である。SMACに入っていないのは、Time-bound（期限設定）の「時間」を資源の一部だと解釈していると考えられる。どちらがいいという問題ではなく、時間を制限する要素、すなわち目的の達成条件を規定する要素と考えるか、目的を達成するために使える資源と考えるかの違いである。

時間の流れを止めることはできないが、最大限有効に使った場合とそうでない場合の差はとても大きい。締め切りを与えられたほうが勇猛果敢に攻められるという人もいれば、時間的猶予として示されたほうが創造的になりやすいという人もいるだろう。

いずれにしても、いつ目的を達成するのか、というTime-bound（期限設定）は間違いなくしておくべきである。1分遅れてもバスには乗れない。遅れて達成された目的は、まったく意味をなさないことも少なくない。

※もうひとつの条件。Focus（焦点、集中）――焦点を絞る

ここまでSMACあるいはSMARTという、目的の整合性や合理性を高める概念を説明してきた。効果的な目的の設定にはもうひとつ、とても重要な項目がある。Specific（具体的）の一部と解釈してもいいが、あまりに重要なので独立した項目として説明を加えたい。Focus（焦点、集中）である。

あれもこれも達成したいというのではなく可能な限り、一点。多くてもふたつ、3つに目的を絞って設定するといい。それ以上設定するのは効率的ではない。経験的には、3つも目的があると、資源の量にかかわらずその達成はすでに困難になってくる。

理由は簡単だ。数が増えると、そもそも覚えられなくなる。もちろん記憶はできるし、思い出すことも不可能ではないだろうが、常に頭の中に入れておくには、3つでもすでにかなり多い。戦略を構成する重大な要素である目的は、広く組織のメンバーに共有されなくてはならない。個人の戦略であったとしても、片時も忘れるべきものではない。

本来ならば覚えておかなくてはならないのは「目的」だけではないから、それ以外の要

素も含めると単純に2倍、3倍ではすまなくなる。覚えておくことはできる限り少ないほうがいい。

また、複数の目的があると、有限の資源が薄まってしまう。達成すべき目的がひとつであれば、全資源をこの目的に集中できる。対して、ふたつの目的を掲げることで、単純に計算すれば使える資源は半分になる。もちろん、ちょうど半分になることは少ないであろうが、目的ひとつ当たりに投下できる資源量は確実に減ることになる。これは、すなわち目的の達成確率の減少を意味することが多い。

これは必ずしも第2の目的を持つな、という議論ではない。第1の目的の達成を断念せざるを得なくなった場合、次善の策としての第2の目的を用意しておくことは周到さであって散漫ではない。この場合、最初から第1の目的と第2の目的を同時に達成しようとしているわけではないので、混乱や資源が薄まることを懸念する必要はない。

焦点を絞るというのは戦略を効果的に使うにあたって非常に重要な概念である。実際に戦略を組み立てるにあたっても焦点を絞る作業が多い。第5章「戦略を組み立てる」で、再び取り上げることにする。

CHAPTER
2-03

「目的」を別の角度から眺めて、再解釈する

❖深く理解するための「再解釈」

いい目的はSMACあるいはSMARTという要素を満たしていて、かつなるべく単一の目的に的を絞っているといい、ということは理解できた。これらの道具を知らない場合に比べると、この時点で格段に効率のいい目的を設定できるようになっているだろう。もう少し目的を深く理解することで、戦略をさらに効果的に使うことができるようになる。そのために有効なのが「目的」を再解釈する、という考え方である。

SMACあるいはSMARTというのは、あくまで目的を設定するときの表現の方法である。これによって目的を誤解なく、解釈の余地なく明確に設定できるが、目的設定の創造性を高めるわけではない。

一方、戦略策定のプロセスを通して創造性を引き出すために貢献する重要なプロセスのひとつが、目的の再解釈である。

「解決すべき問題がうまく定義付けられた時点で、問題の半分は解けたようなものだ（A problem well defined is half solved.）」という言葉がある。1876年生まれのアメリカの発明家、チャールズ・ケタリングの言葉だ。至言である。

問題をどう観察するか、どの視点から見るかによって、どの問題も立体的で多義的であることがわかる。そして、もっとも解決しやすい角度というのも見えてくるはずだ。難しい問題であっても、解決しやすい角度から再解釈することで従来とは違った解決策に気付けるかもしれない。

❖アイスクリーム・ブランドのメンバーシップ・カード――どの視点から見るかの例

あるアイスクリーム・ブランドは都内にいくつかの専売店舗を持っていたが、担当者にはわからないことがたくさんあった。

そもそも、店舗での顧客の動向全般がよくわからない。何曜日に何人連れで来店して、どの品目をどれくらい買うのか。晴れの日、雨の日、暑い日、寒い日で消費者の年齢、性別構成、購入個数や品目は変化するのか。よく来店する人が何割で、さほどでもない人が何割なのか。来店頻度の高い人たちは毎回同じものを買うのか。

実際のところ、わかっていることは日々の売上金額と来店客数くらいで、それ以外の情報は店舗担当者の印象と記憶以上のものはなかった。売上が伸びている間は大きな問題にならないとしても、これでは売上が落ち始めたときに手の打ちようがない。

なにも手を打てないときに簡単に思いつくのは、とりあえず広告をしてみる。とりあえず値段を下げてみる。とりあえず無料サンプルを配るといった施策だ。運が良ければ、なにがしかのプランが効果を発揮して売上が戻ることもある。ただ、それは1回限りの施策に終わってしまうかもしれない。理由がわからないから、再現性があるかどうかもわからない。仕組みがわからないから、プランを改善することもできない。

多少いろいろなことがわからなくても、売れ続けていればそれでいいではないか、という考え方もある。実際、このチームは次の新商品、次のプロモーション、次の広告についての作業で時間と労力のほとんどを使ってしまっていた。あまり計測しないので、プランのなにが機能してなにが機能しなかったのか、不明なまま進んできていた。売れ続けていたけれど、これから必要になる成長を考えるといささか楽天的すぎるかもしれない。趣味で楽しんでいる店でないのならば、消費者の構造やビジネスの仕組みを理解しておくほうが今後の成長を考えやすい。

そこで顧客向けの「メンバーシップ・カード」を導入しようという指示を出すことにした。メンバーシップ・カードの導入で消費者理解が深まる。誰が、どういう動機で来店し、それぞれの消費者層がどの程度の売上に貢献しているのか、といったことが見えてくるからだ。これらが理解できていればどの程度の売上を支持してくれている誰に、なにを訴えればいいかを考えられる。もしも売上が急落しても、手の打ちようが出てくる。急に売上が伸びたときも、理由がわかりやすいから次につながる。

カード導入は簡単なことだと思われたが、なかなか実行できない。レジのソフトウェアが特殊なもので、メンバーシップ・カードを運用するための既存の汎用システムが適用できないというのが理由だった。

さほど難しいとは思えないメンバーシップ・カードの導入が、にわかにとても難解なプロジェクトになった。そもそもレジが海外用のソフトを採用していて、国内の汎用システムと同調しにくい。グローバルな企業ではこういうことがたまに起こる。

最初、プロジェクト・チームは困難に正面から立ち向かおうとし、6カ月たってもメンバーシップ・カードは導入できなかった。グローバルで標準化されたレジのソフトウェアは頑健そのもので、柔軟性に欠けていた。

その6カ月の間、顧客動向についての理解といえば毎日の売上を追いかけただけである。売上は現状の良し悪しを示しはするものの、なぜ売れていてなぜ売れなくなったかのヒントは提供してくれない。幸い、この間に売上が落ちることはなかったが、顧客についての理解は進まなかった。

特に、売上が伸びている時期のデータは、売上が縮小しているときのデータと同様に、使い道が大きい。この期間のデータを取れなかったのは、貴重な機会の喪失だった。

そのうち、チームメンバーの1人が気付いたアイデアが、それまで6カ月かけて解けなかったこの問題に劇的な解決をもたらした。その解決策とは、メンバーシップ・カードを諦めるということだった。その代わり、注文を取るときにマニュアルでデータを蓄積することにしたのだ。レジのPOSを使うメンバーシップ・カードに比べると著しくアナログな話であるけれど、口頭で消費者に質問をし、紙に書き取り、1日の終わりに集計した。顧客が溢れて忙しい時間帯にはアンケートは控えめにし、それほど忙しくないときには全員に聞く。

こんな方法だからたくさんの質問はできないし、間違えることもある。正確な標本調査でもない。

とはいえ、「日々の売上と、店員がなんとなく持っている顧客の印象」というレベルの知識と比較すれば、その実効性はきわめて高いといえる。この環境下では、すべてを正確に把握するのは、所詮、無理な相談だったのだ。

ここでの「目的」は、売上が急落した場合に備えて、いまのうちに顧客と売上の構造を理解する、ということであった。具体的には、①この店にはどのような顧客が、②誰と、③どういう理由で来ていて、④どの程度の来店頻度の顧客がどれくらい売上に貢献しているか、の4点を理解するということであった。

「目的」はメンバーシップ・カードの導入そのものではない。ソフトウェアやシステムが理由でメンバーシップ・カードを迅速に導入できないのであれば、手書きのアンケートでも「目的」はそれなりに満たすことができる。

この目的を満たすためには、オーダーシートに空欄を用意しておいて、店員が3つの質問をするだけでいいのである。「なぜこの店を選んだか」、「何回目の来店か」、そして「どのくらいの頻度で来店するか」の3つである。「誰と来たか」は店員が見たままを記録しておけばいい。夫婦でも恋人同士でもパートナー同士でも、「大人・男女・各1名」で十分である。なにをどれだけ注文したかはオーダーシートに書いてあるから、あとで集計すれば必要なことはわかる。

不完全ではあるが「ないよりははるかにマシ」な手立てを手に入れ、「目的」はそれなりに満たされた。ここでの教訓は、「メンバーシップ・カードを導入しよう」といった特定の手段が「目的」として認識されることで、本来の「目的」が簡単に忘れ去られることがある、ということだ。そして、本来の「目的」が明確に理解されていれば、達成手段は柔軟に考えつくことができる。まさに、手段の目的化が起こっていたわけだ。以降、目的が手段化しないよう、常に本当の目的を見続けるような意識付けが確立された。

❖すぐどこかにいってしまう本来の目的

本来の「目的」を忘れてしまうというのはいかにもバカげたことのように聞こえる。ところが、同様のことはアチコチで頻発している。

卑近な例でいえば、大事なプレゼンテーションに限って動画の音声が出ないことがある。慌ててケーブルをつなぎ直したり、コンピュータの設定画面を呼び出したりしても音は出ず、音声のない画像がどんどん進んでいく。諦めの早い人はそうそうに肩をすくめて途方に暮れるかもしれない。そうでない人は顔を赤らめてケーブルを抜いたり挿したりする無意味な作業に没頭するかもしれない。ＩＴの関係者はソワソワするかもしれない。

この状況で、目的は「一刻も早くスピーカーから音を出す」になりがちだ。もちろんこれでもいいのだけれど、もう少し的確な目的設定もありうる。

本来の目的は「聴衆が動画を音声付きで見る」、もっといえば、「聴衆に音を聞かせる」

である。音声出力のケーブルを抜き、コンピュータの小さなスピーカーにマイクを近づければ会場の隅々まで十分に聞かせることができる。こうする人は、実のところあまり多くはない。瞬時に頭をよぎる「目的」の概念は、本質的な解決をもたらすものではないことがあるという事例である。

CHAPTER
2-04

「目的」を再解釈する具体的な手法

❖問題が明確になったら解決は近い

「目的」を再解釈する、というのは新しい概念かもしれないが、うまく使えるようになると、とても強力なツールになる。「目的」の再解釈は、ＳＭＡＣのような表現の明確化とは一線を画した概念である。ＳＭＡＣもとても重要であるけれど、それはあくまで書き方の話である。

再解釈というのは、むしろ目的そのものを解釈し直す考え方である。

「メンバーシップ・カードを導入する」に対して、「この店にはどのような顧客が誰とどういう理由で来ていて、どの程度の来店頻度の顧客がどれくらい売上に貢献しているか理解する」は再解釈であるといえる。「一刻も早くスピーカーから音を出す」に対して「聴衆に音を聞かせる」も再解釈である。

チャールズ・ケタリングがいうように、解決すべき問題がうまく定義付けられた時点で、問題の半分は解けたようなものなのだ。

では、どうすれば問題を違う視点から再解釈することができるようになるのだろう。想像力である、というのはひとつの簡単な答えだろう。とはいえ、この答えでは多くの人にはあまり助けにならない。想像力に恵まれていれば、とっくに違う角度で見えているだろうし、そうでなければ想像力を使えといわれてもどう使えばいいのかわからない。

❖思考のスイッチを入れるふたつの質問

英語に「Thought-starter question」という言葉がある。「考えを起動する質問」といった意味で、思考のスイッチを入れ、思考を特定の方向に向かわせる質問だ。使い慣れるととても便利な思考ツールになる。もともとの脳みその能力が増えるわけではないが、まるで新しいソフトウェアやアプリケーションを入れたように、いままで気付かなかったことに気付けることがある。

ここでふたつのThought-starter questionを紹介しよう。ひとつは「なにが問題か？（What's wrong?）」である。もうひとつは、「ある場合とない場合（With and without）」である。

質問①「なにが問題か?」

最初の「なにが問題か?」は、先ほどの「会場のスピーカーから音が出ない」の事例で考えてみれば簡単だ。

こういった事態に直面すると、反射的に「会場のスピーカーから音を出す」ことが目的であると解釈してしまう。ところがこの「なにが問題か?」という質問を聞いてみれば違う見解がすぐに出てくる。すなわち、「スピーカーから音が出ないことのなにが問題か?」と聞いてみるのだ。ほとんどの人は、「音が聞こえないことが問題だ」と答えられる。問題をこう解釈できれば、答えは出たようなものである。音を聞こえるようにすればいい。マイクがあれば、マイクを近づければ解決する。質問ひとつで、効果的な行動がとれるようになる。

メンバーシップ・カードの例も同様である。「なにが問題か?」と問う。「メンバーシップ・カードがないとなにが問題か?」と自問すれば、違う角度で見ることができるだろう。「目的」を定める際には、この質問を自分に投げかけてみるといい。ものの数分で思いもしなかった「目的」の再解釈ができるかもしれない。

理解を確実にするために、別の表現でもこの方法を説明しておこう。これは、「目的」

という未来・将来にあるべき状況を目指すのではなく、現在の足元に固執する手法だといってもいい。いま目の前にある問題はなにか。その根源的な理由はなにか。どんどん掘っていくのである。

ここでは「なぜ?」と聞き続けることが問題を掘り進める上での強力なスコップになってくれるだろう。5回も「なぜそうなっているのか?」を繰り返せば、相当に根源的な問題に突き当たるはずである。

質問②「ある場合とない場合」

もうひとつの質問は「ある場合とない場合」を問うものである。

この質問は、曖昧な目的のまま行動やプランが想定される場合に特にうまく機能する。議題がわからない会議。上司がやれ、というから計画する販促プラン。新工場の建設といった大規模プロジェクトですら、あるいは大規模プロジェクトであるからこそ、関係者全員が同じ意図と背景事情を共有しているわけではないこともある。

目的が明確でない場合は、なんとなく、漫然と行動を起こすのではなく、「この行動がある場合とない場合、なにが違いとして発生するか」を考えてみよう。どういう違いなり変化なりを期待できそうか。新商品の導入がある場合とない場合。上司のアイデアを実行した場合としない場合。会議をした場合としなかった場合。

もし大した変化がない、あるいはまったく変化がないのだとしたら、その行動自体に意味はない。大した意味がないのだとすると、やらないという選択肢も出てくる。

上司の機嫌を損なわないために、上司が提案した無意味な販促プランを実行するならば、資源を無為に浪費するのではなく、上司との人間関係を円滑にするほかの方法を考えればいい。

❖未来視点から考えてみる

目的を設定する際、組織のヴィジョンや理念があれば、これを考察の起点とするのはいい考えである。そのヴィジョンや理念がある程度具体的であれば、実践的な思考の出発点となる。一方、そのヴィジョンや理念が「消費者がよりよい生活を送るための手助けをする」といった漠然としたものであると、具体的な目的への適用が難しいこともあるかもしれない。

現実には、漠然とした目的のもとに、明確な戦略が示されることなく行動計画が大まかに決まっていることはよくある。たとえば、新ブランドの導入はすでに決まっているのだけれど、目的は「自社のシェア拡大」程度のぼんやりとしたものであるといった場合だ。このように、「新ブランドを導入する」など、ある程度行動計画が想定された上での戦略策定では、設定されるべき目的の幅はさほど広いものではない。すでに計画の概要が定められているのだから当然である。ここまで議論してきたように、その行動計画が「ある場合とない場合」を考えることで、目的の再解釈ができるはずだ。その新ブランドがある場合とない場合、どのような違いが発生しそうなのか考えてみる。その違いの最大化を目的として再解釈すればいい。

実践においては、まったくゼロから目的を考えるという経験のほうが少ないかもしれない。目の前の問題の解決が目的をある程度は示していたり、全社レベルで行動計画の概要が想定されていたりすることはよくある。もし、ゼロから目的を考えるといった貴重な機会に恵まれたのであれば、ちゃんとした目的に基づいた立派な戦略を練りあげたいところである。その場合、どのように目的を設定すればいいのか議論をしていこう。目的が達成された時点での状況は、いまとは違う将来になっていることだろう。目的の設定の仕方とは、すなわち未来の描き方だといってもいい。

5年後の世界に自分を置く

未来を描く、などと書くととても遠大な期待を抱いてしまいそうだが、簡単で使いやすい方法論について説明しよう。

現在いる地点から数年後を見晴かしてみても、実際のところあまり役に立つ将来像を描けるわけではない。現状に対して幾ばくかの有意義な進展があることを想像したり、新規計画が成功した状況を予想したりする程度だろう。

では、どの地点から見るべきか。すなわち、どのように視座を変えればいいか。一気に終結点に自分を飛ばしてみよう。たとえば、担当しているブランドの今後3年から5年間の戦略を立案する場合、5年後の世界に自分を置いてみる。いまは5年後で、自分を含め関係者全員がとても幸せな状況にあると仮定する。チームは一丸となって全員が猛然と働いたし、幸運にも恵まれた。目的は完全に達成され、我々は実に満足すべき状態にある。そして限りない賛美と感嘆の中にいる。さて、いまブランドは、ビジネスは、消費者は、市場環境はどういう状況にあるのだろう。現状をあまり意識する必要はない。なぜなら、この演習の目的は、現状に縛られない理想的な帰着点を考えることだからだ。

この方法を使うことで、現状の束縛を逃れることができる。難しい作業ではない。むしろ、楽しい作業であるだろう。かなり創造的な戦略を組み上げないと達成できないかもしれないが、情熱をもって本当に達成したいことを示すことができる。

ただし、この方法を苦手とする人もいる。想像力や創造性をそれなりに働かせないと5年後の幸せを明示できないからだ。想像力や創造性は、たまにしか使わないと錆びていることもある。

もしうまくいかないのであれば、真新しい想像の翼を広げる前に、もう少し地道な考察を進めてみよう。

「私たちが顧客に提供しているものは？」

組織や会社、事業についての戦略策定であれば、ヴィジョンや理念に立ち返ってみるのは思考のきっかけになる。もし、ヴィジョンや理念があまり明確でなかったり、そもそも存在しなかったりという場合、自分のビジネスが顧客になにを提供しているのか明確にし直してみるといい。「自分のビジネスが顧客になにを提供しているか」というのは実にパワフルな質問である。

1990年代、カセットテープ・プレイヤー「ウォークマン」が全盛を誇っていた頃のこと、製造会社であるソニーの1人の技術者がこう語っていた。

「ソニーが工場でつくっているのは小さなカセットテープ・プレイヤーです。でも、消費者が買っているのは音楽を外で聞くという習慣です」

駆け出しのマーケターには衝撃の概念だったが、この技術者の言葉はきわめて的を射ている。ソニーがビジネスを通して顧客である消費者に提供していたのは小型で高性能の音楽再生機器そのものではなく、屋外に音楽を携帯するという新しい習慣であり、便益だった。消費者が得ていたものは、モノではなく、経験や行為である。

モノは経験や行為を具現化する手段に過ぎない。コレクターズ・アイテムや骨董のようなビジネス以外では、製品の所有は究極の目的ではなく、製品は便益の経験を提供する手段である。

このように考えると、自分のビジネスが顧客になにを提供しているのか、再定義できる。

洗剤会社は洗剤を売っているし、消費者は洗剤を買っているけれど、本当は洗剤の使用を通して「洗濯されて汚れのない衣類」や、「いつもきれいに洗濯された服を子どもに着せている親としての満足」を得ているのである。自動車会社は自動車を売っているし、消費者は自動車を買っているけれど、本当は自動車の購入や使用を通して「カッコいい自分」であったり「成功の象徴」であったり「買い物するスーパーへのアクセス」を手に入れているのである。

製品あるいはサービスの向こう側にある消費者の購入理由が見えていれば、自分たちが何業であるかわかるはずである。

未来の視点

さて、ここからが本題である。ヴィジョンなり、理念なり、自分のビジネスが本質的に顧客になにを提供しているかが手元にある。未来を想像するためには、そこに書かれていることが究極的に達成された世界を考えてみればいい。

そのとき、顧客は間違いなく喜んでくれているはずだ。その価値に対する対価も喜んで払っていることだろう。さぁ、なにが起きているだろう。1人で想像するのが難しければ、チームメンバーや取引先に相談に乗ってもらってもいい。人と話し、自分とは違う見解が入ることでイマジネーションが膨らむことも多い。

それが洗剤を通して得られた「汚れのない衣類」なのであれば、生地に汚れがつきにくい加工を施した衣類の開発と普及はありうる未来のひとつかもしれない。音楽の再生機器を通して得られた「音楽を携帯すること」なのであれば、特定の記録媒体に依存しない音楽の聴取もありうる未来のひとつだろう。

いままでと違う未来が見えただろうか。「目的」の設定作業は、この魅力的な帰結点からスタートすればいい。もし、もう少し短期の「目的」を設定したいのであったとしても、この帰結点を描いておくことは将来に向けて論理的な整合性を確立するためにも役に立つ。この帰結点が10年後であれば、5年後にはちょうど中間くらいにいればいいのである。

目的が達成された帰結点に身を置いて、ここに到達する過程を振り返ってみよう。現在から未来を見通して想像するのが難しいのであれば、未来から現在を振り返ってみるほうが簡単かもしれない。

目的達成の直前、1年前、2年前にはどのようなことがあったのだろう。未来から過去を振り返り、現在まで戻っていく。5年後の未来がかくあるべきときに、その1年前、2年前、さらには5年前に起こるべきことが見えただろうか。理想的な状態にある5年後から見た4年前は、さまざまな現場に縛られた今年から見る来年とは違う姿であるのではなかろうか。我々が迎えるべきは、今年から見た来年ではなく、5年後から見た4年前であろう。

長い道のりといくつもの障害が目の前にあるに違いない。あるいは、これらの道はこの想像の旅をする前には見えていなかったものかもしれない。もしそうだとしたら、儲けものである。いままで見えていなかったものが見えてきたのだ。

たとえそれが非常に面倒で困難なことであったとしても、面倒で困難な存在を認識していることは重要である。問題は、うまく書き記すことができればすでに半分は解けているのだ。対策を考えられるし、対応もできる。そして、この道を進むにあたって解決しなければならないこれらの問題は、これからあなたが設定すべき「目的」と関連しているはずである。

❖目的とヴィジョンや理念の関係を考える

「目的」を説明するうちに何度か「ヴィジョンや理念」という言葉が出てきた。「目的」を整合性と合理性をもって設定するにあたり、SMACあるいはSMARTという概念について議論した。その中でConsistent（一貫性がある）とRelevant（関連性がある）の説明にあたって新工場を建設するという例示をした部分である。

新市場における新工場の建設は、企業の「ヴィジョン」あるいは「理念」に基づいた取締役会の決定である、という内容だった。目的とヴィジョンあるいは理念が関連しているであろうことはわかる。では、具体的にどういう関係になっているのだろう。

「理念」と「ヴィジョン」を解釈する

ここまで、ほとんど「ヴィジョン」と「理念」を一組の単語のように扱ってきた。「ヴィジョン」と「理念」には多くの場合に互換性があって、意味も使い方も似ている。また、「目的」と「目標」もとても似通っている。日本語を勉強している外国人に「目的」と「目標」の違いを説明するのは簡単ではない。詳細な定義は日本語の研究者に委ねつつ、実際的な違いを説明しておきたい。戦略を理解するにあたって、その構成要素である「目的」をよりよく理解する助けになるだろう。

ヴィジョン（vision）は、目的のひとつの形態であるといってもいい。達成したい、実現したい未来の状態である。視界という通常の訳語以外には、未来像と訳されたり、夢と訳されたりすることもある。全人類が平和でありますように。これはヴィジョンだ。組織や企業の場合、その組織や企業が、業務上の活動から実現したい世の中の様相を表現することも多い。

本書で説明している「目的」との最大の違いは、時限性でない、期限設定がないことである。永劫の未来とはいわないまでも、かなり遠い未来の理想郷を表現している。むしろ予想できる近い将来に達成できてしまうものではないのだろう。

本書で説明している「戦略を使う」という立場から見たとき、ヴィジョンは組織や企業のきわめて上位の概念である。なぜそのヴィジョンが正しいのか、組織に帰属するすべての人が即座に理解でき、かつ納得できるものであることが多い。「全人類が平和である」、「地球環境への負荷をなくす」など、説明は要らない。大事であることに異を唱える人はいないし、異を唱えるのも難しい。こういったヴィジョンは、戦略を演繹的に考察し組み立てていくにあたって疑う必要のない前提を提供してくれる利点がある。

対して理念は、場合によってはヴィジョンの一部か、あるいはヴィジョンから派生したものであるかもしれない。組織や企業の場合、かくあるべしという根本の考え方といっていい。ヴィジョンよりも、いくらか方針のようなニュアンスを持っていることが多いようだ。

ヴィジョンとの違いは、ヴィジョンが目的の一形態として状態を示しているのに対して、理念は考え方や方針を示すことが多そうだという点である。

「世界中の人たちが衛生的な生活を送れる社会」というヴィジョンを実現すべく、我が社が「世界中の消費者に安価な石鹸を提供する」という理念を持つことはありうる。まったく同じヴィジョンに基づいて、「世界中の街に下水道設備を提供する」という理念を持つ会社もあるだろう。理念は全社的な方針や進むべき方向性を示すことで、普遍的な全社戦略を導いているともいえそうである。

確たるヴィジョンと同様に、明確に設定された理念は戦略の策定にあたって安定した前提として使える。企業理念はあってもヴィジョンが設定されていなかったり、ヴィジョンだけあったり、ヴィジョンと理念に同様のことが書かれていることもあるかもしれない。重要なのは、全組織が合意できるかどうかである。そのヴィジョンと理念の影響下にある全員が理解でき賛同できるものであれば、それが正しいヴィジョンであり正しい理念だといえる。つまり、大義が立つということだ。

❖「目的」と「目標」を解釈する

では、目的と目標はどう解釈すべきか。目的も目標も、目指すべきところであって達成・到達するものである。このプロジェクトの目的は市場シェアを伸ばすこと。具体的な目標は10％といった使い方が一般的だと思われる。目的のほうが抽象的・概念的で目標のほうが具体的であることが多そうだ。あるいは目的を達成する経緯の中で、複数の目標があるという状況も考えられるかもしれない。

では、前述のSpecific（具体的）の説明で出てきた「市場シェア10％の確保」は目標であって目的ではないのではないか、と思う読者もいるだろう。この説明に基づけば、「市場シェア10％の確保」というのは目的以上に、達成すべき目標であるだろう。Specific（具体的）という要件が、目的というよりも目標の設定に際して適用されるべきであるように思われる。

では、なぜ戦略の2大構成要素を「目標」と「資源」とせずに、「目的」と「資源」とするのか。その理由を少し説明しておこう。

❖目的は再解釈可能、目標は再解釈不可能

前述したように、「目的」の再解釈は戦略を考える上でもっとも創造的な側面のひとつである。不可能と思われた問題を乗り越えたり、いままでにないような実績を実現したりするにあたっては、いかに目的を解釈し直すかという課題がほぼ半分を占めるといってもいい。

であるときに、解釈の余地を持たない「目標」が構成要素となってしまっては戦略から創造性の半分を奪ってしまうことになりかねない。戦略は単なる手続きと優先順位の規定ではなく、創造的問題解決の道具であるべきだ。「目的」を再解釈した結果、具体的に数値化され解釈の余地なく表現された「目標」となっていることは素晴らしいことである。優れた戦略の半分が完成したと考えていい。言い換えれば、「目的」は効果的な再解釈をもたらし、結果的に解釈の余地がない「目標」となるのである。

こういった違いはありつつ、本書では厳密には「目標」とすべき状況でも「目的」を主たる表現として使うこととする。読み終わる頃には、「目的」と「資源」の二語を明確に印象付けたいという理由からである。

❖目的の局面分割

「目的」の最後の項目は、目的を各局面へ分割するという作業について議論したい。目的

の局面への分割というのは、目的を達成するのにあたって必要となる、各部分の状況を指している。目的を達成するための小目的といってもいい。もしかすると、これらの小目的は、単なる段階なり手続きであるかもしれない。

たとえば、今日中に大阪から東京に行く、という達成すべき「目的」があるとする。飛行機で羽田あるいは成田に飛ぶ、新幹線で品川あるいは東京駅に行く、深夜バスで東京まで乗る、あるいは自家用車またはレンタカーで名神・東名高速を走るなどの方針、すなわち戦略が考えられる。仮に時間的なあるいは費用的な資源上の制限によって新幹線という戦略を選択した場合、どのような局面分割が可能だろうか。

まずは①時間を調べ、②新幹線のチケットを入手する。そして、③発車時間までに新大阪駅に行く。④新幹線に乗り込む。⑤新幹線が予定どおりに運行し、予定どおりに品川駅あるいは東京駅に到着する。⑥無事に駅に降り立つ、という6段階の局面が考えられる。

達成すべき目的の条件として夕食を済ませておく、という項目があれば、④の前後に夕食として弁当を購入する、弁当を食べる、などが挿入される。

戦略策定の担当者や、資源あるいは目的の状況によって多少の差異はあるかもしれないが、目的が達成される過程はこのような各局面への分割が可能である。現時点から目的が達成された状態にいたる段階や条件の説明である。戦略を組み立てるにあたっては、それぞれの局面を解決あるいは実行していく必要がある。そして、それぞれの局面の遂行には、具体的な資源があてられることになる。

このように、目的達成のための局面を理解しておくことで、戦略を組み立てていく際に実行可能性の検証や資源の配分がしやすくなる。つまり目的と資源がバランスしていることを確認しやすくなる。Achievableの項目では、シェア10%を確保するためのユーザーの構造を分割するというアプローチを取ったが、時系列の局面に分割することでも同様の効果を得られるということだ。

10億円のマーケティング予算で50%の認知を6カ月以内に確保することが可能かどうか理解したいとする。もちろん、このまま直接検証することも可能であるだろう。たとえば帰納的に、過去に8億円で40%の認知を6カ月で確立したことがあれば、10億円で50%はバランスされていて妥当なものだと思われる。また、演繹的に検証する際には、50%の認知が達成されるための各段階を明確にすることで、それぞれの段階で必要な資源がより正確に予測できる。必要と予測される資源の総和が所与の総資源である10億円であればこの目的と資源はうまくバランスされている。もし必要な資源の総和が15億円であれば、バランスされていないので目的を下げるか資源を増やさなくてはならない。分割することで、目的と資源のより正確な検証が可能になる。

CHAPTER

3

戦略の構成要素②
「資源」を解釈する

CHAPTER 3-01

「資源」を解釈し直す

失敗の原因は資源の欠乏？

第1章で戦略の定義について、第2章で戦略をもって達成すべき「目的」の重要性とその解釈について明らかにした。戦略とは目的達成のための資源利用の指針であり、「目的」をいかに解釈し直すか、というのは戦略を使うにあたってもっとも創造的な側面であることを理解いただけただろう。

「目的」に並ぶもうひとつの重要な構成要素が「資源」である。戦略における残り半分の創造性は、資源を解釈し直すことにある。目的の再解釈に創造性が必要であったように、ここでも戦略は創造性を要求する。

「目的」が曖昧なままでも問題を感じない組織や企業が数多く見られるのに対し、「資源」についての議論をなおざりにする組織や企業は少ないようだ。資源の欠乏が決定的な問題になることを経験的に理解しているからだろう。

目的を達成できなかったり、成果がはかばかしくなかったりといった場合に、資源の欠乏を理由とされることはよくある。

投下できる予算が少なすぎた、必要な人員が足りていなかった、ブランドの力が弱すぎた、製品の技術力が凡庸だ、工場の生産能力や柔軟性が低すぎる、営業基盤が脆弱だ、そもそもビジネス・モデルが時代遅れになっている。よく耳にする説明である。

部署という部署が資源不足に苛まれており、失敗は資源が足りなかったことによるものとなる。その資源の不足は自分の落ち度ではなく、組織あるいは上司の責任であるという印象すら醸し出す。

手持ちの「資源」の活用方法よりも、「資源」の不足ができない理由として強く意識されているのは、資源利用の指針である戦略を使う上で皮肉な話である。

このような事態に、「為せば成る」的な精神論や「全員でがんばろう」的な根性論で立ち向かおうとする組織もあるかもしれないが、本質的には理知的な戦略の問題だと捉えることもできる。すべての問題を資源の欠乏に帰結させてしまうという姿勢自体も、戦略的に思考できないことが原因かもしれない。

❖そもそも資源とはなにか

そもそも資源とはなにか。「目的」の達成のために使えるすべての有形無形の資材、資産や人材などを指す。いわば使えるものはなんでも資源である。重要なことは、資源には必ずしも「資源」らしい見かけでないものがあるということだ。一見、無用に見えるものが、燦然と光り輝くことがある。

一般的には、資源を保持し運用するにはコストが発生するという認識も重要である。人件費、マーケティング予算、営業の人数、研究開発費などは、すべて投資あるいは費用として計上される。大量の資源を保有するということは、大きな投資や費用を負担するということでもある。資源の効率的な利用を目指すのは、戦略の本義であるから、資源の維持に必要な投資や費用は常に意識しなくてはならない。

同時に、資源の中には特別な投資や費用を必要としないものもある。すでに組織に内包されていて、新たな負担を必要としない知識や経験、あるいはすでに提供している製品やサービスに内包されていながら、有意義な形で活用されていない要素などがこれにあたる。

❖資源を考えるにあたっての4つの象限

では、戦略を立案し実行する戦略主体である我々には、具体的にどのような資源があるのだろうか。ざっくりとヒト・モノ・カネといってもいい。具体的には、いま列挙したように人員、資金、ブランド、製品技術力、製品開発力、製品の性能、生産能力、生産技術力、営業の能力、ビジネス・モデルなどがわかりやすい資源である。これだけだろうか、それともまだほかにもあるのだろうか。

保有する資源を網羅的に把握するためには、2種類の属性を意識するといい。2種類の属性を組み合わせると4つの象限ができる。それらの象限をひとつずつ考え議論することで、貴重な資源を見落とすリスクを減らすことができる。

ひとつ目の属性は、資源の帰属先である。「組織内の資源」と「組織外の資源」に分けることで資源の見落としを防ぐ。組織内の資源とは、組織が自ら所有する資源であり、組織外の資源とは組織が自ら所有するわけではない資源だ。先ほど列挙した人員、賃金、ブランドなどはすべて組織内の資源といえる。資源は、必ずしもすべて自前で所有しておく必要はない。自ら所有していなくても、自分たちの戦略に利用可能な場合には、資源として数えておくべきである。これが「組織外の資源」である。取引先や協力会社などは典型

図表２ 資源を考えるにあたっての４つの象限

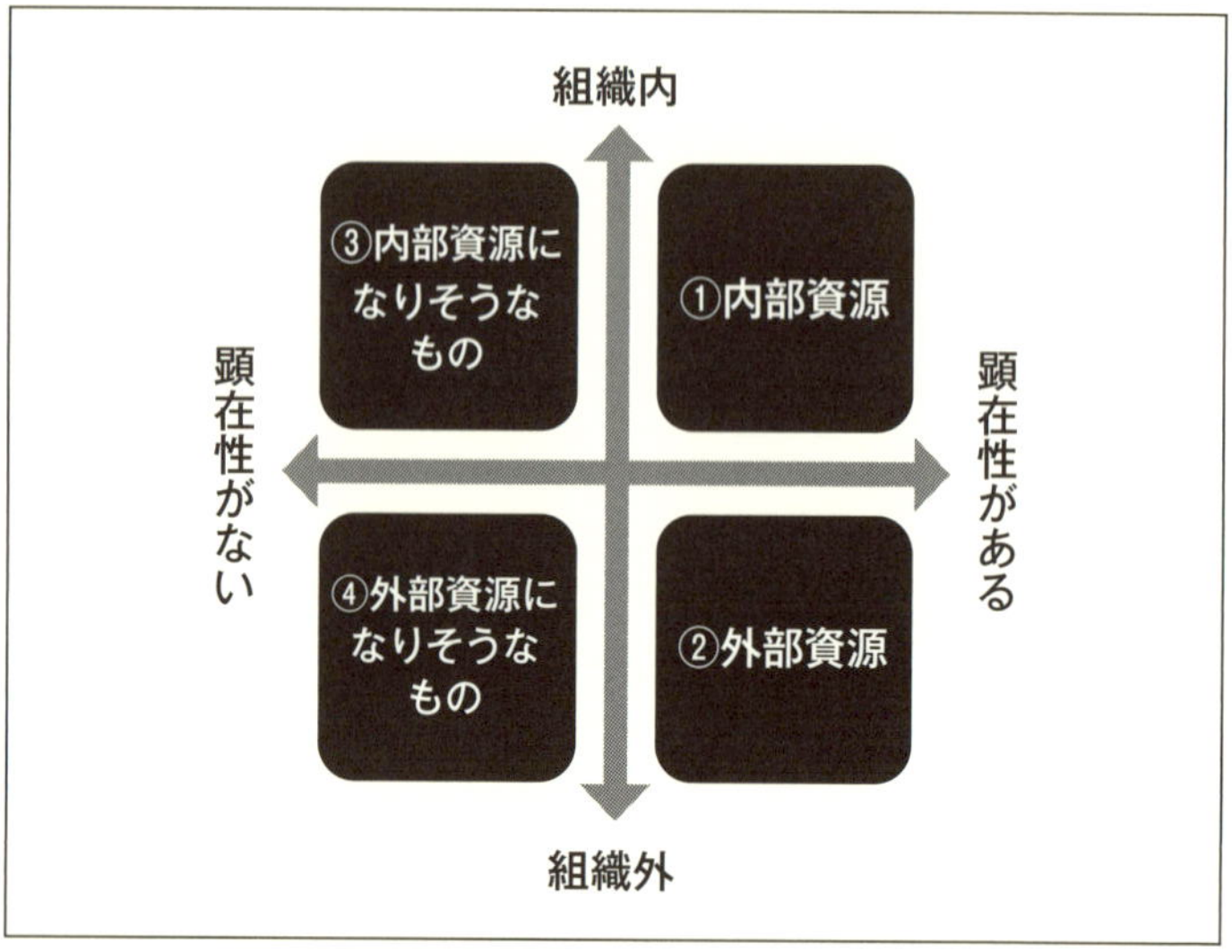

的な「組織外の資源」といえる。

ふたつ目の属性は顕在性を示す属性である。「一見してわかる資源」と「一見しただけではわかりにくい資源」に分けることで、利用可能な資源を見つけることが容易になる。

一見、とても資源には見えないようなものが資源として使えることがわかると、形勢逆転の要になることがある。順調に進んでいる場合には現状をさらに有利なものにできるだろう。それは資源になりそうな原形でしかないかもしれないし、なにか特定の状況下や働きかけのもとではじめて資源化するものかもしれない。いずれにしても、新しく追加される資源として、戦略の幅を広げるであろうことは間違いない。このふたつの属性軸を垂直に交わらせて次の4つの象限がつくられる。

①内部資源
②外部資源
③内部資源になりそうなもの
④外部資源になりそうなもの

多くの場合、①や②に比べて、③、④が意図的に活用されるケースは少ない。少ないがゆえに、③や④をいかに見出して活用するかが競争上、決定的な役割を果たすことがある。勝負強いリーダーは、こういった資源を活用していることが少なくない。それぞれについて、ひとつずつ考察していこう。

CHAPTER 3-02

資源を考える ①内部資源

❖内部資源とは

内部資源とは社内、組織内、そして自分で保有している資源であり、随時、直接的に利用可能なものだ。ここでは、人材、製品技術製品やサービス、資金や予算、営業力、製造技術や流通技術、ブランド、時間、人脈（コネクション）、経験や知識、過去のプラン、に分けて説明していこう。

❖人材

組織にとって、優秀な人材の確保はもっとも難しい資源調達である。同時に、他の資源と違って効用の安定性が低い。頭数で何人、と数えられるものの、必ずしもこちらの1人とあちらの1人は同じ1人分ではないことが多いし、今年の1人と来年の1人も同じ1人分でないことがある。

具体的には、①個体間の均質性が低い、②適材適所という概念が示すように、配置によってその効用が大きく変化する、③状況や働きかけ次第で成長し、費用（人件費）の上昇よりも大きな資源になりうる反面、士気や調子によってはその力が削がれることもある、④効用についての指標が乏しく、それぞれの人員についての客観的な評価が簡単ではない、などが特徴として挙げられる。

また、⑤他の資源の効用に対して、係数的な影響を及ぼすのも特徴的である。優秀な人材が運用する1億円とそうでない場合の1億円では効果が異なることがある。よく考えれば当然のことながら、現実では見逃されることの多い効用だといえる。経験年数や人数はわかりやすく客観的な指標のひとつかもしれないが、一面的で限定的であるといわざるをえない。

ブランド・マネジメントにおいては、自社ブランドの運営は人材によってなされている。これは競合においても同様でありながら、競合ブランドの人的特徴は、あまり顧みられない。言い換えると、競合ブランドと競争している以上に、競合ブランドの担当者と競争しているという認識が欠如していることが多い。競合に手練れのブランド・リーダーがいて、対峙しなくてはならなくなったら、こちら側の資源が多少多めであったとしても油断するべきではない。この認識は市場の競争環境の見方を変えることがある。競合ブランドの担当者の傾向を過去の施策などから知っておくことができれば、競争相手の今後の方向性を理解する上で役に立つだろう。

❖製品技術、製品やサービス

自らの製品技術、製品、またはサービスをもって、消費者が認識しやすい持続的な競争優位を確立できるのであれば、これは素晴らしいことである。とはいえ、そういった状況は頻発するものではない。標準化された市場調査手法や競合各社の研鑽によって市場の均質化が進み、モノやサービス自体が持続的な差別化を維持することは難しくなってきている。

市場や消費者動向を理解するために、同じような市場調査を各社が実行すれば、それぞれが同じような市場・消費者像を把握することになる。そして、それらの理解に基づいて製品化をすれば、自ずと製品は似たものになっていく。少なくとも、目指すところは似たものになる。企業間の能力によほどの差がない限り、製品技術において決定的な優位を確立する可能性は高くない。これが製品やサービスのみに基づいて持続的な差別化を維持しにくい理由である。

市場の均質化は安直な値下げ競争につながることも多い。値下げは顧客の興味や満足を価格の低さで確保しようとするものである。一時的な売上の維持や上昇が期待できるかもしれないが、中・長期的には製品やそれを支える諸資源の圧迫につながることになる。

価格を下げるということは、売上から得られる利益幅を減少させるのとほとんど同義である。いずれ、資源の柔軟性を失うことにつながる。価格の安さを中心的な理念として、その持続的な実現に特化して進化した企業や、よほどの緊急事態でもない限り、推奨されるべき方針ではない。

価格が消費者満足の対価なのであれば、価格を下げる以前に満足の改善を試みるべきである。

製品技術や製品そのものの性能やサービスの質は消費者満足の大きな部分を占めているが、ブランド、つまり製品やサービスへの「意味付け」も消費者満足に多大な影響を及ぼすことが多い。製品を含むブランド体験が消費者に十分な満足、つまり認識を提供できずにいると価格を下げていかざるをえなくなる。であれば、ブランドの強化は値下げ圧力に対する解決策になりうる。専門的・技術的見地による製品評価が製品技術や製品開発の方向性を決定付けることも多いだろう。弁当箱の隅っこの油汚れが一発で落ちる食器洗剤の洗浄力とか、どこかのサーキットのラップタイムが7分10秒を切るスポーツカーの動力性能とか、SPF50+、PA++++の日焼け止めとか、性能を記述や数値で達成することはとても大事である。同時に、それらはあくまで対象消費者の満足のためであり、ブランドの強化に資するものであることを忘れるべきではない。

製品技術や製品は、人材よりも外部から調達しやすいのは重要な特徴だ。基礎研究や、自社があまり得意としない技術については他社、他業種との提携などによって補完可能である。こういった完全自社開発ではない製品開発の方法をオープン・イノベーションと呼ぶこともある。収益化するのに時間がかかる基礎研究や、新分野の技術などはこういったオープン・イノベーションの対象とすることで高効率を維持できることがある。製品そのものに関していえば、提携先からのＯＥＭ供与などがよく知られた手法である。

競合の新製品と同様あるいは近似の製品性能を迅速に提供できることは、防御的なマーケティング行動を実行する際には有効である場合が多い。競合による差別化の意図を中和する効果がある。ただし、これはあくまで防御的手段であって、いわばシェアを維持するために行うものであることを忘れるべきではない。シェア拡大を目指す攻勢のために中和策を採用するのであれば、持続的な競争優位のために別の分野の資源が優越している必要があるだろう。

特定の機能を持った製品群や競合ブランドが成長しているときには、その機能を保持しさえすれば同様の成長ができるのではないかという感覚を抱きがちである。見た目の真似だけで成長できるほど簡単な市場でない限り、競合の後追いは持続性という意味では良策でない可能性がある。重要なことに、良策ではなかったとしても、具現化するには資源を投入することになる。この資源は本当に価値のある投下になっているか、検討すべきだろう。効果的な模倣策が時間を稼いだり、意味のある中和をもたらしたりすることもあるから、一概に否定するものではない。とはいえ、特段の注意が必要だ。

❖資金や予算

資金や予算の特徴的な側面は、きわめて融通の利く流動性の高い資源であるという点である。同じ資金をマーケティングに投下してもいいし、営業支援に使ってもいい。柔軟に使用できる社内資源である資金は、戦略の選択肢を広げる。

また、資金はその他の諸資源の強化・維持のための源泉となる点も特殊である。人件費として営業を強化するか、技術開発費として製品開発を強化するか、あるいは工場に投資して生産能力を強化するか、選択可能である。そして、いったん営業の人員として投下を決定した資金は、簡単には工場設備への投資に転換できない。

さらに、資金はお金である。特に企業の場合、最終的な目的や、その達成手段として利益の確保を考える必要がある。お金は資源でありながら、目的にもなる。資源と目的の直接的な関連を如実に示す独特の存在である。

❖営業力

営業力は内部の資源でありながら、その強さは競合の状態との比較において測られることが多い。特に、店舗などを自社で持たない場合、売り場や店頭の棚を巡って競合先と直接的な対決をすることになる。自社の商品を定番棚に置くことで、競合他社の商品が定番棚に入らない、ということが起こる。もちろん、その逆も起こる。

製品そのものやブランドも競合との比較で評価されるべきものであるが、売り場や店頭の棚ほど直接的な排他性はない。この直接的な排他性ゆえに、商品の購入場所への配荷や露出はきわめて強力な資源になる。欲しくても売っていなければ買えないし、目の前にあれば欲しくなるということもある。

営業力を資源として考える場合、もうひとつの特徴はその構造性にある。営業力において競合を圧倒することができれば、競争環境を有利に維持しやすいことは論をまたない。そして、この強大な営業力はセールスの人員とリベートなどの営業支援費によるところが大きい。業界によっては、長年の関係性もあるかもしれない。これらの要素はつまり、構造的である。構造的であると、競合からしてみれば短期間で競争力をつけるのが難しい。結果的に長期にわたって競争優位を提供してくれることも多い。

残念ながら、営業力において競合に大きく資源量が負けている状態も少なくない。後発であれば、むしろ勝っていることが少ないかもしれない。第一義的にはブランディングの強化や製品性能の差別化をもって競合との差を詰め、あるいは優越を確保するべきだ。しかし、前述のように製品自体の差別化にも自ずと限界が出てくることが多いし、ブランドを確立するにしても短期間で確立できるわけではない。

こういった場合、比較的狭小なエリアに特化するのは定石のひとつである。大量の営業資源で店頭を圧倒してくる競合に対して、彼らの営業力が及びにくい地域、業態を強化する。いかに大資源とはいえ、店舗の大きさなどにより効果的な露出を実現できない流通形態や店舗もある。同時に、消費者に対しては、これらの業態での購入習慣が上がるような働きかけは有効になる。たとえば、大型のスーパーマーケットではなく、中小あるいはコンビニエンスストアへの注力がこれにあたる。カテゴリーの中心的な棚ではなく、少し外れた棚を狙うことも同様だ。

セールスの人員や営業支援費によって店頭支配力を強化・維持するために、企業の総資源量を営業力に対して多めに投下している場合もある。結果、相対的にブランディングや製品技術力への投資が少なくなる可能性もある。競合がこのような傾向を示しているときには、我々はブランドの確立や製品性能の改善に特化しつつも、競合の大きな営業組織自体が資源として効用を発揮する以上に費用として重くなってしまう環境を探すことも重要である。言い換えれば、競合が自分たちの資源を十分に使いにくい環境で対峙するように心掛けるということだ。大手流通企業を通して販売する形態の業界において、eコマースに注力するといった考え方などがこれにあたる。大手流通に対する依存度の高い企業は、これらの既存取引先との関係維持のために新しい流通機能に積極的に投資しにくい。

❖製造技術や流通技術

製造技術とは製品開発能力のことではなく、製品をいかに製造するか、という生産にかかわる技術である。同じ製品であっても、より安く早くロスなく正確につくれたほうが競合上有利になる。その分の価格を抑え、不良品率を下げられれば、消費者満足を高めやすくなる。

そして、流通技術とは、工場で生産されたものをいかに全国あるいは所与の地域まで搬送するか、という技術である。一般的には工場から遠い市場へはコストが高くなるし、近い市場であれば安くなる。流通技術を発達させることで、これらのコストを下げられることがある。

自社の製品カテゴリーにもよるが、流通技術が洗練されているとそれ以外の分野への投資を増やすことができる。派手さはないかもしれないが、ロジスティックスは軍事戦略においても非常に重要な項目である。優秀な流通技術を持つことで、有利な競合状態を生み出しやすくなる。

❖ブランド

ブランドについては、いろいろな考え方や定義がある。それぞれを尊重したいが、ブランド・マネジメントの実践では「ブランドとは意味である」と考えると理解しやすい。そして、その「意味」はブランドが提供するベネフィット、つまり便益であるといい。ブランドは製品やサービスの名前として始まることが多いが、いずれ便益を「意味」として獲得していくと、資源として有効に使いやすい。

ブランドが明確な「意味」を持つと、名前だけでなく便益も認知されやすくなる。そもそも名前も知らなければ購入しにくいが、便益まで知っていれば購入しやすい（買って使ってから覚える、という考え方が有効な場面も存在するが、多くの製品分野においては奇策の部類だ）。初見であるがゆえに好奇心を持たれることも多いし、認知のきっかけとしては悪くない。ただ、好奇心よりも、身近に知っていることによる好意のほうが持続的な購入には効果的だ。好奇心は持続しにくい。また、よく知っていることは競合に対する差別化にもつながる。話も聞いてもらいやすくなるし、ブランドの「意味」がコミュニケーションに文脈を提供するので、メッセージの伝達効率も上がる。

便益が「意味」となっていれば、ブランド体験に一貫性を持ちやすくなる。結果的には消費者満足の提供が安定していく。消費者満足が決定的な影響力を持つカテゴリーにおいては、重要な視点だ。かつては1回限りの使用を想定して、消費者満足の影響が限定的であったカテゴリーにおいても、使用者の評価やインプレッションがネットを通して共有されるようになってきている。消費者満足の影響を受けないカテゴリーはほとんどないといえるだろう。

ブランドが単なる製品の名前を超えて普遍的な「意味」を確立した場合には、製品技術の寿命を超えて特定の「意味」を提供し続けることが可能になる。たとえば、パンパースというベビー・ケアのブランドは、紙おむつという製品技術が代替技術に取って代わられたとしても存在を続ける可能性がある。パンパースというブランドは、その固有の「意味」を具現化するために、新しい技術を採用した製品なりサービスなりを提供すればいいのである。パンパースが紙おむつという製品の名称を超えて、「赤ちゃんの成長のためのベビー・ケア」というベネフィットを「意味」として確立していればこそである。

製品技術は時代とともにすたれていくことがある。これを製品ライフサイクルと呼んだりする。対して、言葉の意味が変化するには製品技術の進歩よりも長い時間が必要であろう。製品技術の寿命を超えて、ブランドが永続できるのは、ブランドが「意味」だからである。うまく管理することができれば、ブランドに寿命はない。確立することは難しく、時間も労力もかかるが、一度確立すると長期にわたって効用が続く。

効果的に確立されたブランドの効用は、長期間という時間的長さだけにしか適用できないものではない。同時期に横への展開を可能にすることもある。製品分野ではなく、ブランドが有する「意味」に基づいてビジネス領域を拡大できるようになるのだ。歯磨き粉ブランドが歯ブラシに展開可能になったり、洗顔料のブランドが全身洗浄剤に拡大可能になったりといった例は簡単に見つかるだろう。

ブランドが持つ「意味」や連想は、場合によっては何十年以上も利用可能な資源となることがある。資源としての価値が損なわれぬよう、ブランドにかかわる体験が便益や「意味」と一貫性を維持し続けられるよう、常に細心の注意を払うべきである。

❖時間

人材、製品技術や製品、資金、営業力、ブランドなどは、企業組織内を見渡すと専属の部署が存在することが多い。物理的に目に見える資源には、それぞれの担当部門が管理するので、見逃されることは少ない。

一方、ここから説明する時間、人脈（コネクション）、経験や知識、過去のプランなどは具体的に担当する部署が存在しないことも多いので、意識的に注意する必要がある。

資源としての時間の特徴として、すべての競合企業や競合プレイヤーと共有している、という点が挙げられる。あまりに自明なことなので特別に意識されることは少ないかもしれないが、我々にとっての1年後は、競合にとっても1年後である。特に、ある特定の時期になにかをしようとしているとき、たとえば次のオリンピックまでになにかをしなければならないとき、プレイヤーAにとっての時間的猶予と、プレイヤーBにとっての時間的猶予はまったく同じである。それ以外の諸資源は、それぞれに違うはずなので、時間資源が少し特別であることがわかるだろう。

時間を共有しているのは、必ずしも社外・組織外の競争相手だけではない。社内の協働部門も同様である。あるプロジェクトにおいて、こちらの部署に遅延が発生すると、あちらの部署にしわ寄せがいくかもしれない。

この共有性という時間資源の特徴ゆえに、なにかを早くできるということが重要になってくる。さらにいえば、それ以外の資源と違って時間は調達できない。時間をつくり出そうとするとどこかから節約して調節するしか方法がない。これが、我々がいつも急いでいる理由だ。同時に、もし予定よりも早く物事が進んだ場合には、時間的猶予が増えることになる。増えた時間的猶予はほかのことに使えるから、プロセス全体での融通性が高くなる。資源を融通できるということは、自ずと戦略の幅を広げることになる。

❖人脈（コネクション）

人と人のつながりは、ときにとても強力な資源になる。自力では接触・入手しにくい資源につながることができるからである。人材の項目でも議論したように、人の能力の判断は簡単なものではなく、特に有能な人物には頻繁に遭遇できるものではない。一期一会の精神は重要であるが、それはあくまで心構えである。もし有能な人物と知り合い、一緒に仕事をする機会を持てたときには、継続的に活用可能な人脈とすべきである。

❖経験や知識

知識は力である。そして、知識はその入手方法によって、大きく3つに分けられる。資源としての知識を意識的に獲得し管理するために、この分類は役に立つだろう。

知識の獲得を目的として得られた知識

ひとつ目は知識の獲得を目的として得られた知識である。消費者理解のための消費者調査や、新しい技術開発のための研究を通して得られた知識などはこれにあたる。これらの知識に資源としての価値がありそうなことは比較的簡単に理解できる。知識代として調査費や研究費を投入していることからも認識しやすい。得られた知識を利用して新しい資源である製品技術が開発されたり、新たな消費者理解に基づいて新商品やマーケティング・プランが練られたりする。知識を入手する経緯がわかりやすく、情報や知識の価値も理解しやすい。適切に獲得され、正しく管理されることが多いと思われる。

副次的に得られた知識

ふたつ目は副産物としての知識である。消費者調査や技術研究のように知識を得ること自体を目的として得られた知識ではなく、成功や失敗の経験を通して結果的に得られた知識である。

このような知識には、常に獲得できるわけではないという不安定さがある。経験を通して、知識を意図的に獲得しようとしなければ、その機会は簡単に消失してしまう。この不安定さゆえに、獲得することができれば追加的であるから、競争力のある資源になる可能性もある。言い換えれば、この知識を得ることができる組織と、そうでない組織を比べると、1年間で得られる知識量に大きな差が出る。もちろん、知識を得ることができる組織のほうがより多くの選択肢を持ちうる。結果的には、強い組織だといえる。

プロジェクトの成否といった経験は、なにがしかの結論をもたらす。この結論を利用可能な知識として整えるためには、結果やプロセスについての意識的な解釈をする必要がある。そうでないと、一面的な結論がそのまま知識として残されることになりかねない。

たとえば、「新規顧客を開拓するために行った広告キャンペーンは目的を達成しなかった。だから、あの広告キャンペーンは失敗である。二度とやらない」という、経験から得た知識があるとする。これは、目的の達成度合いを測定し、その結果をもって次の行動を規定しているもので、目的達成を目指す態度を反映したものとしては決して悪くない。しかしながら、この広告キャンペーンは、ひょっとすると再購入やロイヤリティの改善に役立ったかもしれない。プロジェクトの本義ではないけれど、この知識は資源として役に立つ。この広告キャンペーンは使い方が悪かったのであって、目的次第では有効な資源となったかもしれない。

セレンディピティという言葉がある。期待していなかった思わぬ発見、といった意味である。大きな書店に入り、たまたま迷い込んだ通路の書棚で予期しなかった良書に出会った、などはセレンディピティの例である。企業や組織の行動でも、よく目を見開いていれば、知識のセレンディピティは意外と頻繁に発生している。ただ、それを見逃すことが著しく多いのである。

もちろん、経験の知識化には相応の時間や人員を必要とする。消費者調査などと違って、直接的な費用がかかるわけではなくても、知識獲得のために人材や時間などの資源を投下しなくてはならない。それでも、知識が力であることを理解していて、知識が組織の競争力や目的達成能力の源泉のひとつであると確信できていれば、少しの労力で思わぬ知識を得られる機会を最大限に活用したいものである。

では、どうすれば経験を知識にすることができるだろうか。将来の行動計画や日々の雑多な仕事に忙殺されて、知識化するという過程を意識的あるいは無意識的に放棄してしまうことは珍しくない。なにがしかの仕組みをつくらないと、このような知識は獲得しにくい。一定規模以上の行動に対しては、常に行動結果の評価をして文書化するという習慣をつけると効果的である。その際、なにか新発見はないか、という意識を持つといい。

新発見をする、新しい知識を探すという意識が、そもそもの目的以外の事柄に注意を向ける態度を促すことになる。特に、資源として活用しやすい新知識はないか、という視点で観察すると見つけやすいかもしれない。

共有することで得られる知識

知識の分類には、一義的な目的として得られた知識と、副産物として得られた副次的な知識に加えて、共有可能性に基づいたものもある。知識を資源として活用する上で、知っておくと便利なので説明しておく。

知識共有のために重要なことは、発見を文章化しておくこと、つまり共有可能な状態にすることである。他者や、すでにその知識を忘れてしまった将来の自分と知識を共有できるようになる。

個人的な経験に基づく知識を暗黙知と呼ぶ。一般的に、経験が豊かであればあるほど、有用な知識が蓄積されていき、個人で利用可能な資源が増えていく。忘れてしまったときに失われるということを除けば、個人としての利用において暗黙知の蓄積は推奨されるべきことだ。

ただ、暗黙知は個人の脳内にあるものなので、共有しにくい。徒弟制のように、小さな集団の中で経験の共有を通して知識を共有することはありうるが、大きな集団になっていくとこの作用は期待しにくくなる。また、時間を超えて共有するのもとても難しい。そこで、暗黙知を形式知化することで、大きな集団や組織でも、知識を経時的・共時的に広く共有することが可能になる。

形式知とは暗黙知の反対、つまり、文章や図をもって説明できる状態の知識をいう。暗黙知と違って、経験の共有を経ることなく知識のみを共有することができる。効果的に形式知化された知識は、時間の壁も越えられる。直接の面識のない10年前の担当者の経験に基づいた知識を得ることもできる。もちろん、忘れてしまうかもしれない将来の自分とも共有できる。成功体験や失敗経験を形式知化して共有することで、同様の成功を再現したり、同様の失敗を回避したりすることができるようになる。

つまり、形式知化することで、ひとつの成功事例あるいは失敗事例を、全員の成功経験あるいは失敗経験とすることができる。

形式知化するにあたっては、経緯を分割し、仔細に追うことで成功や失敗に帰結した仕組みを理解できるといい。抽出された知識が端的に著されているのも素晴らしいが、経験が知識化する上で重要な側面を抽出し、共有される人たちが追体験できるように著されていると豊かな知識の継承につながる。第三者が追体験するという後者の方法をとることで、後年、別の解釈を生み新たな知識を見出せることがある。歴史上の事件について、後年、新しい視点から新しい解釈が生まれることに近いかもしれない。

仕組みの理解が再現性につながる

最後に、形式知化の意義を実例で説明しよう。ある一般消費財ブランドの事例である。このブランドでは毎年、10月から12月にかけての四半期にペア・パックという販促活動を行っている。ふたつの詰替え用商品をお買い得感のあるデザインの袋に入れて、少し値下げをして売るという施策である。

買い置き需要期である10月から12月の3カ月間で5000万円の売上増加が見込める、とされている。なぜなら、前年も前々年も5000万円の売上増加があったからだという。つまり、この企業は「第4四半期のペア・パック企画は5000万円の売上増をもたらす」という知識を保有している。

過去の経験に基づく知識の継承ができている点は立派である。同時に、この知識には汎用性がないし、再現性もどこまで確証を持てるのか定かではない。確かに2年連続で5000万円の売上増があったのであれば今年もそうなるかもしれない。とはいえ、今年の市場は去年や一昨年とまったく同じというわけではない。我々の市場での立場も違うし、競合のラインナップにも変化があっただろう。

再現性と汎用性をさらに高めるためには、第4四半期のペア・パック企画がどのように5000万円の売上増につながっているのか、という仕組みを理解することが役に立つだろう。具体的には5000万円の増加分の構成要素を理解すればいい。消費者を対象としたビジネスであれば、消費者の動きを観察することで仕組みの理解につながることはよくある。

この5000万円は新規ユーザーを取り込むことができたからか、それとも既存のユーザーが家庭内在庫を増やしたことによるのか。製品カテゴリーによっては、家庭内在庫が増加すると使用量も増えることが知られているが、この場合もそうなのだろうか。

仕組みを理解することで、固有の状況に依存した特定の知識は、汎用性をもって一般化され、再利用可能な形に形式知化できる。こういった知識は体系化もしやすく、再利用しやすい。

分析の結果、ペア・パックという施策が既存ユーザーの家庭内在庫を増やしており、それは年末に買い置きを増やすという消費者行動に基づくものだという理解ができた。

この理解を経ることで、「第4四半期のペア・パック＝5000万円の売上増」という短絡的で汎用性の低い知識ではなく、「年末には家庭内在庫が増えるという消費者行動があり、この消費者行動に基づいた施策として増量パックは一時的な売上増をもたらす効果がある」という知識を得られる。この知識は一般化されているので、他のカテゴリーやブランドでも使いやすい。年末に家庭内在庫が増えることが確認されたカテゴリーであれば、買い置きのしやすさを訴求する販促活動は功を奏すると予想できる。

❖過去のプラン

過去のプランは、次の段階、つまり2回戦で競争力のある資源となって将来の戦略を大きく進化させることがある。特に、大成功したプランには重要な次世代資源のヒントがあるので仔細に見直す価値がある。

ここでは軍事的な例を挙げてみよう。第一次世界大戦ではさまざまな科学的技術の進歩によって新兵器が大量に投入された。飛行機、機関銃、毒ガスなどに加えて、戦車もそうである。

戦車の導入の重要な背景として、長期にわたる塹壕戦があった。この時点での戦車の導入は、あくまで戦略に基づく計画のひとつに過ぎなかった。敵の塹壕を占拠するにあたり、「敵の機関銃の掃射から兵隊を守る」という目的を、「装甲板を取り付けた大型トラクター」という資源をもって達成しようとしたのである。

第二次世界大戦が始まるときには、前大戦の経験から戦車は実行計画ではなく、資源になっている。装甲され自走可能で大砲を搭載した車両という資源である。軍隊が達成すべき目的は、戦車という特徴的な資源があることが前提で設定されただろうし、その戦略の重要な部分を戦車という資源が担ったことも間違いない。

ひとたび強力な計画が開発・実行されると、その計画や計画からの産物は次の段階では強力な資源になる。これは軍事史的な観点のみならず、一般の事業でも適用可能な概念である。ある新ブランドの導入に成功し安定的な事業基盤を確立できた場合、そのブランドは次の段階の戦略においては重要な資源になる。

もちろん、ブランドそのものだけでなく、強力な広告キャンペーンや消費者向け販促活動、よく認知されているデザイン、使いやすいパッケージ、あるいは浸透したジングルやアイコンなども資源として理解するべきである。

このことは戦略を使うにあたって重要な示唆を持っている。過去の成果は未来の資源になるし、今回の戦略での達成は次回の戦略での資源になる。1回目の勝利が2回目の勝利にうまくつながっていくことが理解できるだろう。

この実行計画と資源の連鎖は、物理的な資源に限ったことではない。重要な資源のひとつである知識も同様の傾向を持っている。今回の戦略運用で得た知見は、組織や個人をその分だけ強化しているはずで、次回以降の戦略策定においては新しい資源として活用可能になる。

戦略の策定段階で、今回の戦略実行を通してどのような知見を新しく獲得したいのか、事前に知識獲得計画を立てておくと、活動の効率を上げていくのに役立つ。

ひとつ注意すべきは、成功体験への過剰な執着が失敗につながることである。目覚ましい成功体験を人も組織も忘れることができず、環境変化や場合によっては目的が変わっているにもかかわらず過去に成功した手法や施策をいたずらに繰り返して失敗する、というパターンが知られている。これは上記のペア・パックの例で示したように成功の仕組みの理解が不足しているか、過去に成功した経験から得た知識を過剰に神聖化してしまうことが原因だと思われる。仕組みを理解し、知識が機能する状況を見誤らないように気をつけたい。

CHAPTER
3-03

資源を考える ②外部資源

外部資源とは

ビジネスで運用する戦略を考える際には、バリューチェーンを見渡すことから始めると、抜けもれなく資源を網羅的に把握しやすい。さらにバリューチェーンのそれぞれの段階で、資源としてアクセス可能なパートナーや要素を見直していくと、外部資源を網羅することが可能だ。代理店、メディア媒体、取引先、提携先などは比較的わかりやすい外部資源の提供元になる。

代理店

ビジネス・パートナーとして協働する各種代理店は、外部資源の代表格といえるだろう。ブランド・マネジメントにおいては、各種広告などコミュニケーションの内容を企画する広告代理店、実際の制作にあたる代理店、それらの内容を効果的に配信するメディア計画立案をする代理店、実際にメディア媒体の購入をする代理店、広報活動を担当する代理店、パッケージなどのデザインをする代理店、店頭マテリアルのデザインや制作を担当する代理店、消費者プロモーションを担当する代理店、ウェブやデジタルな領域を担当する代理店、あるいは消費者調査を担当する代理店など、ともに働くマーケティング関連代理店は多岐にわたる。

代理店を外部資源として有効なアウトプットを提供してもらうために重要なコツがある。このコツは戦略についての考え方の延長線上であるから、みなさんにとってはすでに難しいことではないはずだ。つまり、達成すべき目的と使える資源を彼らに明示するのである。同時に、自分たちが想定できる範囲内で戦略も提示する。代理店との議論を経て、彼らの持つ資源によっては、戦略が書き換えられることもあるだろう。この時点での戦略の書き換えは、代理店がもっている資源の最大活用につながるので正しいことである。

目的と資源、それらに基づく戦略に加えて、確実に盛り込んでもらいたい具体的な指示（たとえば、必ず商品の使用シーンを見せること、など）を、解釈の余地がないように記した文書を一般的にクリエイティブ・ブリーフと呼ぶ。

代理店はそれぞれの専門分野において深い経験を持っている。代理店によってはそれぞれの個人能力に依存した運営をするところも少なくないが、基本的には組織として機能している。組織として持続的に機能するために、過去の経験をうまく形式知化していることが多い。それぞれの専門分野でクライアント（依頼企業）よりも多くの経験、知識あるいはノウハウなどの資源を有しているので、クライアントが自ら行うよりも効果的にプランを実行できる。ここで難しいのは、いかにクライアントである我々のニーズに対して、彼らの専門性を最大限に発揮してもらうかという問題である。

彼らのほうが経験豊富なエリアであるにもかかわらず、彼らに指示を出さなくてはならない。彼らが持てる力を最大限に発揮してもらいたいのだけれど、我々には彼らの資源の上限がよくわからない。専門性の欠如ゆえ、説明してもらっても資源の意味が理解できないかもしれない。

代理店が最大限に能力を発揮するためにクライアントができることとは、達成したい目的を明示しつつ、クライアントが提供できる資源を明確にすることである。できれば戦略も提示したいが、目的と資源があればこの段階ではなくてもいいかもしれない。戦略を提示した場合でもそうでない場合でも、代理店に自分たちの得意なこと、つまり彼らの固有の資源を意識しつつ、目的達成のための戦略から考えてもらうといいだろう。その後、一緒に議論することで、お互いの意図が明確になり、共通の目的と戦略のもとに作業に入ることができる。

ブリーフをいかにわかりやすく、かつ、彼らの専門性を鼓舞できるように書くか、というのはとても重要な工程である。自分たちが提示した目的や戦略が十分に理解しやすいもので、代理店担当者を鼓舞し奮起させるものになっているだろうか。もしクライアントとしてよくわからないのであれば、彼らに直接確認してみるのもいいだろう。

実は、このブリーフィングの技術はマーケティング関係の代理店と働くときにのみ機能する技術ではない。ヘアカットしてヘアスタイルを整える、メイクを頼む、結婚式を挙げる、服を仕立てる、クルマを修理・調整してもらう、家を建てるなど、数え上げればキリがない。

自分にはない専門性を持つスタッフや代理店に仕事を依頼し、自分でやるよりもずっとうまくやってもらうだけでなく、自分の予想や期待を超えてもらうための技術だと言い換えてもいいだろう。このように、自分の外部資源として専門家に最大限に力を発揮してもらうために必要となるのが「目的や戦略を明確にし、奮起できるような伝え方をする」というブリーフィングの技術である。

代理店と仕事をするにあたっては、長期的な関係とプロジェクト単位の短期的な関係がある。毎回同じサロンで髪を切り、毎回同じ医者に通うと、担当者が自分のことをわかってくれる分だけ結果に満足しやすいのではないだろうか。意思疎通も早い。これらのサロンや医院には、すでに自分を理解してもらうための資源を投下している、とも言い換えられる。時間や合計訪問回数といった資源の投下は、過去の経緯や好みの理解につながる。

同様に、能力のある代理店と長期的な関係を築くことで、プロジェクトごとの投下資源量を抑えることができる。現場担当者から見るとやりとりは楽になり、作業の重要な点に集中でき、仕事も早くなる。実際、クラウゼヴィッツは組織内の「摩擦」の低減には経験が有効であると示唆している。長期的な関係構築は、経験や暗黙知の共有を積んでいくことでもある。経験や暗黙知の共有が進めば組織内の摩擦は少なくなり、意思疎通の効率が上がり、その分の資源を節約でき、やり直しなどの回数が減り、チームとして機能しやすくなる。平たくいえば、あうんの呼吸が確立され、簡単な指示や会話で意図を理解し合えるようになり、効率が上がっていく。当然、成果を出しやすくなるだろう。

代理店に、どの程度までブランドや我々クライアントの方向性を理解してもらえているか、というのは彼らが請求してくるプロジェクトあたりの単価よりも格段に測定しにくいという事実がある。請求書の金額は代理店ごとに簡単に比較可能であるけれど、我々をよく理解しているので意思疎通の摩擦が低く、効果も効率も高いという側面は、代理店ごとに比較しにくい。

複数の代理店を競争させることでプロジェクトあたりの単価を下げることに執着する担当者やマネジメントをたまに見かけるが、結果的にデメリットのほうが大きいこともある。長期的な関係自体を重視するというよりも、長期的な経験を通して代理店が我々のブランドや会社の戦略、あるいは物事の経緯を理解していることが実際の活動において大きなメリットとなる。意思疎通が明確になりやすいので時間資源を節約できることが多い。これは、成果物の質と量、あるいは納品の速度などに大きな影響を与えるだろう。

加えて、もし有能なチームメンバーを擁する代理店と仕事をする機会があったら、なおさら慎重になるべきである。優秀なメンバーの代替は、人材の項目で説明したようになかなか簡単には見つからないものでもある。少しばかりの単価削減のために手放すべきではない。

❖メディア媒体、取引先、提携先

代理店と同じように、長期的な関係を維持しているメディア媒体があると、外部資源として強力な支持が得られることもある。その長期的な関係というのは、お互いがそれぞれをよく理解しているという状況をつくり出すだろう。

お互いをよく理解している、というのは個人的に知っているとか、よく食事に行くという人間的なつながりのことだけではない。戦略的な関係も重要になることがある。つまり、お互いがどのような目的を達成しようとしているのか、どのような資源を持っていて、なにが足りないのか知っている、ということである。こちらが先方の目的達成を助ける外部資源となることができれば、先方もこちらの目的達成を支援する外的資源となってくれるだろう。合理的な、ウィン－ウィンのひとつの形態である。こうなると、感情的なつながりや直接的な商取引高を越えて、戦略的な互恵関係を築くことができる。代理店の場合とよく似た関係をつくることが可能になる。

たとえば、ある雑誌かウェブ媒体が対象とする消費者層と、自分たちが対象としている消費者層が一致していることがわかれば、協働することで相乗効果を期待しやすい。我々の新商品の投入が大規模であれば、導入の支援をする媒体社にとってもニュースの提供として意味があるかもしれない。対象消費者といった共通項を持ちつつ、それぞれの強みや役割に違いがあれば、お互いに補完的な影響を与え合うことも可能であるだろう。

CHAPTER 3-04

資源を考える③認識しにくい内部資源
——内部資源になりそうなもの

❖認識しにくい内部資源とは

多くの企業や組織は、即座には認識しにくい資源を有していることがよくある。一般的には資源と認識されなくとも、見方を変えたり環境を整えたりすることで立派な資源となり、ときにはきわめて強力な競争優位をもたらしてくれることもある。いわば、資源になりそうなもの、である。予想以上に大きな成果が上がったときには、認識しにくく埋没した資源がうまく活用されたのかもしれない。偶然のこともあれば、意図的に運用された場合もあるだろう。

目的を効果的に定義付けるのが重要であるように、埋没した資源を発見し掘り起こすことは、創造的な戦略を組み立てるのに非常に重要である。これは、競合相手に対して競争優位をもたらす重要な要因となり、未来を単なる過去の延長としないための大きな差となることがある。ときに決定的な差となるのは、これらが純粋に追加の資源となるからである。

◈「冷蔵庫の残り物」と同じこと

認識しにくい資源とは、喩えるならば冷蔵庫にある残り物である。残り物で料理をするときには、アリモノをうまく使って間に合わる。冷蔵庫内で半端に残った食材は、あと数日で生ごみとなる運命にある。しかし、うまく使えば立派に料理の「資源」となりうる。冷蔵庫であれば、扉を開けて最上段から庫内の確認をしていけば、使う予定のなかったアリモノを見つけ出すことは難しくない。ところが、企業や組織の中に埋もれた資源を見つけ出すとなると簡単ではない。明文化されたリストはなくても、冷蔵庫であれば扉を開ければ中を見渡すことができる。モノそのものがリスト化されているようなものである。対して、企業や組織の資源はリスト化されていないことが多い。そもそも認識しにくい類の資源であるから、冷蔵庫の中を見渡すようにはいかない。

埋もれた、されど有用な資源を見出すのに有効な手法のひとつは比較である。製品や組織構造、組織の構成要素などを過去や競合と比較してみる。強み・弱みという評価を適用するのではなく、違いのみに注目してリスト化してみる。そして、これらの違いが強みとして発揮されそうな状況や環境を想定する。その状況や環境をつくり出すことができれば、単なる違いを強みにすることができる。また、弱みに転じる状況を把握することで、そうした事態を回避できるかもしれない。

比較の上で違いを探し出したり、その違いが強みになる状況を想定したりという作業は、創造的な作業である。なるべく多くの視点を適用することで、思わぬ資源価値を発見することもある。そのためには複数の担当者を集めて行うといい。いろいろな角度でモノを見るために、多様な人のそれぞれの視点に頼るのは近道のひとつである。

❖ティーバッグに「ホチキスの針」がないことがなぜ資源になるか

紅茶ブランド、リプトンのティーバッグのタグはホチキスで留められていない。ホチキスを使用しないことを戦略上の「資源」と認識したり、差別化のポイントとして活用しようという意図があったりしたわけではない。

ところが、状況によってはホチキスを使っていないことが、ホチキスの針がついているティーバッグに対して有利な差別化をもたらすことができる。タグがホチキスで留められていなければ電子レンジを使うことができるが、ホチキスで留めていると電子レンジは使えない。金属は電子レンジに入れてはいけない。

それまで、紅茶を電子レンジで淹れるという習慣はなかったかもしれないが、ロイヤルミルクティーをつくるときに電子レンジを使えばとても便利である。マグカップに3分の1の水と3分の2の牛乳とティーバッグをふたつ入れ、電子レンジの数分でおいしいロイヤルミルクティーができあがる。ミルクパンも、紅茶を沸騰させずに温める技術も必要ない。

「ティーバッグのタグにホチキスの針がついていないこと」が資源であるとはとても認識しづらい。ところが、タグにホチキスのついたティーバッグと競合するにあたっては、あの小さなホチキスの針が非常に大きな影響をもたらすことができる。競争力のある「簡便性」という便益が訴求可能になるのだ。

達成すべき目的を解釈し直すことで、目的をよりよく達成しやすくなる。同様に、資源も再解釈すべきである。その際、既存の資源を再解釈するだけでなく、資源として認識しにくいものも広く見直すことで、いままで気付かなかった可能性が見えてくることがある。ホチキスの針は、この認識しにくい資源のひとつの例としてわかりやすいだろう。

❖製品の差別化

製品やサービスを扱っているとき、製品やサービスそのもので差別化を実現しようとするのは本義であるし、王道である。ただ、その差別化は必ずしも既存の評価基準のみに基づく必要はない。たとえば、洗剤における洗浄力である。洗剤の重要な評価基準は洗浄力であるから、洗浄力で優れていれば競争を有利に進めることができると考える。製品の基本性能を高めていくことは真摯な姿勢でもあるから間違いではない。

ところが、この方向での差別化は簡単ではない。最大の理由は、現在の市場においては自社・競合を含むほとんどの製品がそれなりに満足のいく程度の機能を有していることが多いからである。

効果的な差別化は、むしろ既存の評価基準を適用しないときに有効に働くことも多い。

時代とともに市場の定義、つまり評価基準は変わっていくものである。

1980年代に憧れたクルマは、2000年代に評価されたクルマとはずいぶんと様子が違う。1980年代であれば高出力なエンジンや走行性能が重要な評価基準であったのに対し、1990年代に入ると室内空間の広さが重要になり、21世紀には環境性能が重要になった。年代ごとの評価基準が変わるのは、クルマのように比較的高価な耐久財だけでなく、洗剤のような日用雑貨でも起きている。

1980年代の洗剤はいずれも洗浄力を謳っていたが、1990年代から除菌性能、21世紀に入ってからは省サイズあるいは洗濯時間を含む省力化が重要な評価基準となっていった。

年代ごとのメイクアップやファッションの流行や傾向も、並べてみれば違いは一目瞭然である。それぞれの時代でもっとも魅力的だと考えられたものも、次の時代では文字どおり時代遅れと認識される。

どの時代でも、それぞれの分野で最高を目指している。違いが出てくる理由は、なにをもって最高とするか、つまり、なにが評価基準か、が違うのである。時代にかかわらず、それぞれの製品を使う大きな目的は変わらない。洗剤であれば服をきれいに洗いたいし、クルマであればドライブに出かけたり買い物に出かけたりする手段が欲しい。メイクアップやファッションであれば美しく、かわいく、かっこよく魅力的でありたい、ということだ。

ただ、その具体的な方向性や属性は変転する。つまり、製品やサービスの具体的な評価基準は時代によって違うのである。製品やサービスの評価基準に変化が生まれ、消費者に受け入れられれば、製品やサービスの評価の仕方は変わっていく。前の時代で高評価だったブランドが忘れられていったり、前の時代でさして評価されていなかったものが高く評価されていったりする。

これらの評価基準は、それぞれのカテゴリーの評価属性の順位で規定される。汚れ落ちという評価属性が除菌性能という評価属性と順位が入れ替わり、のちに省力化性能と入れ替わった。どの属性も「きれいに洗える」の具体的な評価属性でありえた。時代によって順位が変わったのだ。潜在的な消費者のニーズをうまく把握し、具現化することで、評価属性の順位は入れ替えることが可能である。この属性順位の転換をうまく使うことで、市場創造ともいえるイノベーションをマーケティングが主導できるようにもなる。マーケターの重要な役割のひとつであるだろう。

競合品や代替品と比較したときの明らかな違いが、こういった潜在的な消費者ニーズと一貫性を持っているときには、これらの違いを資源として活用できるかもしれない。たとえば、洗浄力重視であった頃の洗剤市場で除菌を訴求したり、ハイパワーが重要であった頃のクルマ市場で広々した車内空間を訴えたりしたことで、新しい市場が創造された。これらの市場創造は、新しい属性の訴求が潜在的な消費者ニーズと一致したことで、評価基準に変化がもたらされてイノベーションになっていった、とも解釈できる。

違いのもたらす可能性について説明してきた。違いがあれば、即座にそれが資源になるわけではないので注意が必要であるが、既存の評価基準のみに注目することが視野狭窄を招いたり、イノベーションのきっかけを見逃したりしかねないことはご理解いただけただろう。

❖スキル、技術、能力、コア・コンピタンスにも着目

企業や組織が有するもっとも競争力のある資源が、有形のものであるとは限らない。スキルや固有の技術、能力といった無形の資源にも注目しておくことが重要である。

これらの企業や組織に固有のスキルやコア・コンピタンスは、暗黙知として個人に帰属

したり組織に浸透していたりすることもあれば、形式知として明文化され、組織内に広く共有されている場合もあるだろう。

コア・コンピタンスについては、ゲイリー・ハメルとC・K・プラハラードの『コア・コンピタンス経営』に詳しい。簡単に説明すれば、企業が提供する製品やサービスそのものというよりも、製品やサービスを提供することができるための複数のスキルを束ねたものがコア・コンピタンスである。『コア・コンピタンス経営』で示されている具体例は、トヨタの生産方式であったり、ベアリング会社が持つ硬い金属から小さな球体を削り出す能力であったりといった「スキルの集合」を示している。P&Gやユニリーバが持つブランド・マネジメントの能力なども、コア・コンピタンスであるといえるだろう。

これらの特徴的なスキルあるいはスキルの集合としてのコア・コンピタンスを持つことで、他の資源の投下効率が向上する。つまり、実体以上の資源の効用を得られることになる。

小さな球体を削り出すスキルを持っていれば、同じ大きさの金属からより少ない時間や労力で、より多くの球体を削り出すことができるだろう。ブランド・マネジメントのスキルに長けていれば、より少ないマーケティング予算でより強力なブランドを確立できると思われる。

こういったスキルは、優秀な人材資源と同様、諸資源の効用に対してプラスの係数として働くことが期待される。なにが我々のコア・コンピタンスでありうるのか検討することは、資源の効果的、効率的な運用につながる。

その作業を助けるひとつのヒントは、費用が多くかかっている項目をよく見ることである。費用が多くかかっている項目というのは、意識の有無にかかわらず、その部分に相対的に多くの資源を割いていることを意味している。であるなら、コア・コンピタンスはその周囲にあるかもしれない。すぐに費用削減策を練るのではなく、多くの投資や費用をかけた資源をコア・コンピタンスとともにうまく使う方法を見つけられれば、強力な資源を開放することになるだろう。

CHAPTER 3-05

資源を考える④認識しにくい外部資源
――外部資源になりそうなもの

◈認識しにくい外部資源とは

資源には認識しやすいものと認識しにくいものがあり、認識しやすい、いわば公式の資源だけでなく、認識しにくい資源が決定的な戦力差になるかもしれないことがわかった。認識しにくい資源は、内部だけでなく外部にも存在するし、同様に決定的な競争優位をもたらすこともある。

◈政府、業界団体、オピニオン・リーダー

政府の規制や業界団体の自主基準などは頻繁に変更されるものではないが、変更があった場合には我々の行動に多大な影響を与える。関連する分野の専門家や研究者など、オピニオン・リーダーと呼ばれる人たちの見解も、場合によっては大きな影響を及ぼすことがある。

こういった要素を、管理不能な環境要因と捉える場合も少なくないが、外部資源として

積極的に働きかけることは不可能ではない。

政府に対してロビー活動を展開することは典型的な外部資源の運用方法であるといえる。1社で行ってもいいが、業界団体で行うことで働きかけを強めることも考えられる。

オピニオン・リーダーに関しては、共同研究を行ったり学術的に整合性のある実験データを共有したりすることで、効果的な支援を得られることもある。製品分野によっては、こういった専門家の支援を得ることが得意な代理店も存在する。専門家の見解が顧客の行動に大きな影響をもたらすような分野においては、彼らの支援をいかに確保するかというのは重要なテーマになるだろう。

❖ユーザー（ブランドのファン）

特にブランド・マネジメントにおいては、ロイヤル・ユーザーはきわめて重要な資源であることが多い。ロイヤル・ユーザーとは、いわばブランドのファンである。

これらロイヤル・ユーザーに対して的確にメッセージを配信することで口コミを誘引したり、彼らの家族や友人といった社会的なネットワークでブランドを薦めてもらったりすることもできる。直接的なマーケティング活動ではないので、面としての効果を期待しにくかったり、コントロールが難しかったりという不安定さは否めない。しかしながら、いわゆるコマーシャルではないがゆえのメッセージの信憑性や効果が非常に強力であることも多い。

ユーザーのロイヤリティを強めることで、ユーザーの周辺で試用（トライアル）を強化することにつながることがある。これは、ロイヤリティの高まったユーザーによる自発的な推奨が原因であるかもしれない。

製品分野によっては、家庭内での試用促進を考える施策が有効なことも多い。子どもが使い始めて親に影響を与える。親が使っていて子どもに伝える。あるいは子どもは直接のユーザーでなくても、便利そうなブランドを親に教える。たとえ子が親元を離れて暮らしていても、親子間に定期的なコミュニケーションがあればこの伝達経路は機能する。もちろん、兄弟姉妹間でも同様の効果があるだろう。

また、結婚と同時に使用するブランドや使用する製品カテゴリーが変わることも少なくない。配偶者の影響であることが多いようだ。洗濯洗剤を使わない家庭はほとんどないが、柔軟剤の使用は好みが分かれる。成人してから柔軟剤を使い始めた、あるいは使うのをやめたという人は、配偶者の出身家庭の好みを継承したのかもしれない。妻の実家が柔軟剤を使うので、自分も使うことになった。夫の実家は柔軟剤を使わないので、私も使うのをやめた。これは柔軟剤に限ったことではないだろうと想像される。

ユーザーが与える3つの影響

ユーザーからノンユーザー（未使用者）への影響、すなわち推奨や伝播は、大別すると3つに分けられる。まず、彼らによる直接的な推奨、口頭での伝播である。ノンユーザー側からの質問や疑問などにもすぐにその場で答えられ、もっとも浸透力が強いものだと考えられる。製品であれサービスであれ、実際に使うというブランド体験をさせられるかもしれない。メッセージの信憑性も、知人からの直接的な推奨であるから、属人的に高まる。ただし、一般的に間口が狭くなり、面としての市場への影響力は限定的である。

ふたつ目に、ユーザーによる間接的な推奨がある。文字や映像を通したレビューサイトやeコマースでの評価などがこれにあたる。直接的な推奨と比べ、影響力の間口を広く取ることができるという大きな利点がある。反面、匿名の場合も多く訴求力が口頭での直接推奨よりも弱い、質問や疑問に即座に対応しにくいといった点が劣る。複雑な理解を必要とする製品やサービスには向かないこともある。実際に試しに使ってみる、という伝播は期待しにくいが、試用障壁の低い商品の場合は利点を活かしやすい。

3つ目がユーザーによる使用状況の露出で、「観察可能性」と呼ばれることもある。人が使っているのを見る機会が多いと、そのイノベーションは伝播しやすくなるというものだ。これは、イノベーションの普及の仕方について研究した社会学者エベレット・ロジャーズの『イノベーションの普及』(Diffusion of Innovations)で説明されている「ロジャーズの5つの要素」のひとつに含まれている。ロジャーズは、イノベーションとは人がいままでに見たことのないものと定義している。多くの新商品もイノベーションだと考えられるので、彼の諸法則が適用可能であることが多い。

なかでも「ロジャーズの5つの要素」は、イノベーションが伝播するのにどのような要素を満たしていることが望ましいか示していて使いやすい。その要素とは、「相対的優位性（Relative Advantage）」、「両立可能性（Compatibility）」、「複雑性（Complexity or Simplicity）」、「試行可能性（Trialability）」、そして、ここで示した使用状況の露出、つまり「観察可能性（Observability）」である。

新商品普及のために必要な要素

「相対的優位性」とはそのイノベーションが既存のものよりもよいものであると知覚される度合いである。より高性能だと認識されるほど、イノベーションが採用される可能性は高まる。

「両立可能性」とはイノベーションが既存の価値観、過去の体験や、既存の生活習慣と相反しないと知覚される度合いである。既存の習慣と一貫性があることは、新しいイノベーションを日々の生活の中に持ち込みやすい。

「複雑性」とはイノベーションを理解したり使用したりするのに、相対的に困難であると知覚される度合いのことである。簡単に説明ができるものでないと、イノベーションが採用されるのには時間がかかる。

「試行可能性」とは小規模にせよイノベーションを体験できる度合いのことである。新商品のサンプルを配布したり、新しいソフトウェアを一定期間無料で提供したりすることはこの要素を利用している。

最後が「観察可能性」である。イノベーションの結果が他の人たちの目に触れる度合いと定義付けられている。イノベーションを使った結果だけでなく、イノベーションを使っている様子が目に触れる度合いも含むと考えると理解はしやすい。どう便利なのか明言できなくても、すでにみんなが持っている、という印象を与えることもイノベーションの採用可能性を高めることが多そうだ。

SNSでいかに語ってもらえるか

SNS（ソーシャル・ネットワーク・サービス）が浸透するまでは、個人的に使う消費財や、家の中で消費・使用されるものが世間的に露出されるという機会はきわめて小さかった。SNSへ参加する人が増えるにつれて、こういった商品やサービスもユーザーを通して社会に露出されやすくなっている。ここで重要になってくるのは、ユーザーにいかに話したい気分になってもらうか、ということである。

広報PR活動と同じように、こういった口コミは担当者が直接的に管理できるものではない。とはいえ、口コミが広がりやすい状況というのは存在する。具体的には、次の4点を満たしていることで、伝播力が上がることがある。

①誰もが知っているトピックについて、②まだ多くの人が知らない側面の話、つまりニュース性のある話を、③それぞれが投影したい自分像と一貫性のある形で、④誰もがストーリーとして話せるような起承転結のある筋書きが用意されていること。

これは、よく広まるゴシップの条件でもある。広まるゴシップは、そのコミュニティで誰もが知っている人やモノについてのものだ。同時に、その特定の話はまだ多くの人が知らない。だから話題に選ばれる。話をするときに、話の内容と自分自身が倫理的人格的に一貫性を感じることができないと話す気になれないかもしれない。そして、話し上手ではなくてもちゃんと話せるよう、話しやすいストーリーになっていることが多いのではなかろうか。ユーザーの影響力を最大化させるにあたって、このゴシップの法則を知っておくと効果があるかもしれない。

❖競合の活動

もっとも認識しにくい外部資源のひとつで、ときに甚大な影響力を持つことがあるのが競合の活動そのものである。

もし競合の次の一手が前もって予想されている場合、彼らが実施するマーケティングあるいは販売計画を、自分たちのブランドや事業に優位に機能させることは不可能ではない。あるいは、競合の行動や訴求が自分たちのさらなる差別化に役立つこともある。Aという第1位ブランドがBという第2位ブランドと競合していて、自分たちのブランドCが第3位ブランドであるとき、Aの行動に同調することでBのユーザーからの試用を確保できたり、逆にBのAに対する攻勢に同調することでAのユーザーに訴求する機会ができたりすることもある。

どういう状況で第1位ブランドの側につき、どのタイミングで第2位ブランドに同調するのか、といった具体策については一般論としての解答は見当たらない。自分たちのブランドの便益やポジショニングの継続的な強化を考えたときに、齟齬の出にくいほうを選ぶというのが間違いの少ない定石だといえる。それ以外では、これまで議論してきたように、自分たちの目的をより高い確率で達成でき、自分たちの資源をもっとも高い効果・効率で運用し、資源の効用を強化できそうな策であれば、それは正しい考え方をしていると思われる。

CHAPTER 3-06

複数の資源を効率的に運用する

❖「資源の総和」と「資源の総合的な効用」

効果的な目的達成のためには、通常、複数の資源を組み合わせて使う。そして、組み合わせることによって、個々の資源の単純な和よりも大きな効用が発揮されるといい。つまり、「1+1を3にする」ような資源の使い方をしたい。この表現は、チーム・マネジメントの文脈で使われることが多いが、資源の使い方についても理想的な相乗効果をうまく示している。

「1+1=3」ができているということは、

「資源の総合的な効用」＞「達成すべき目的」＞「資源の単純な総和」

という関係ができていると想像される。そもそもの総資源量が目的に対して見劣りしているのに、目的が達成されているということは、戦略が有効に機能したからである。物量に任せた目的の達成などとは、格が違う。

戦略の重要な意義のひとつは資源の効果的・効率的な利用にある。戦略が資源の効率的な組み合わせを導くので、それぞれの資源の単独使用よりも高い効果を発揮する。結果的に、一見して無理だと思われていたことができるようになる。資源量の窮乏にあえいでいたにもかかわらず、目的が達成される。継続的に結果を出し続けているチームは、このような資源の統合に長けている、つまり戦略立案能力が高いことが多い。戦略立案が得意なリーダーに率いられているかもしれないし、参謀役のメンバーがリーダーをうまく補佐して戦略立案を担当しているかもしれない。

効果的に資源の統合を目指すとき、「資源の総和」は必ずしも「資源の総合的な効用」と一致しない、という認識を持つ必要がある。

たとえば、「1＋1＝3」という資源の総合的な効用を発揮させるためには、物理的な資源の総和である「1＋1＝2」に対して1・5の係数が必要である。「資源係数」とでも呼ぶべき重要な係数である。この資源係数は、単純な「資源の総和」を、実効性のある「資源の総合的な効用」に転換させる効率を示している。

残念ながら、この「資源係数」が1よりも低い組織や企業は少なくない。右記の例を使えば、「1＋1＝1」となっている場合がそうである。もちろん、これでは目的の達成は難しい。高い優先順位を与えられ、多大な支援を得ているにもかかわらず業績の伸びないブランドや事業は、こういった事態に陥っていることがある。資源係数が低いので、投下した資源が有効に使い切れていない。

同じ「1＋1」でありながら、それが「1」となってしまう部署もあれば、「3」にできる組織もある。10億円のマーケティング予算を20億円分に使いこなせるブランド・チームと、5億円分の効果しか出せないブランド・チームがある。できれば20億円分に使いこなせる側に回りたい。この違い、すなわち資源係数の違いは、どうやって発生するのだろう。

❖資源の二面性

あるチームは所与の資源を倍の効率で使用でき、別のチームは半分の効率しか引き出せない。この現象を説明するヒントは、資源の二面性にある。

それぞれの資源はプラスの面である長所と、マイナスの面である短所を併せ持っている。短所ばかりを重ねていけば、資源の総和よりも小さな効果しか発揮できない。注意深く長所を重ねれば、資源の総和を大きく超える効果を引き出せる。

10人のメンバーからなるチームがあるとき、全員が得意なことをうまくできているチームは10人分以上の力を発揮できるだろう。全員が苦手なことをしていては、10人分の働きをするのは難しい。簡単に説明すれば、こういうことである。

もう少し詳しく見てみよう。ある側面では7の力を持ちつつ、違う側面でも7の力を持つ平均7の能力の資源Aと、ある側面では13の力を持ちつつ違う側面では1の力しか持たない平均7の能力の資源Bを組み合わせるとする。資源Aは飛び抜けた能力は持たないが安定して7の力を発揮できる汎用性の高い資源であり、資源Bは特化した能力を持つ専門性の高い資源だといってもいい。

このふたつの資源の能力の単純総和は7＋7＝14である。ところが、資源Bの長所をうまく使うことができれば実効性は7＋13＝20となり、実に単純総和の約1・5倍にもなる。逆に、資源Bの短所が全面に出てしまうと7＋1＝8と半分強の効果しか出せない。いっそ均質化した最大7、最低7、平均7という能力がそろっている資源のほうが不安は少ないように見える。

企業によっては、社員間の能力差をなくして均質化することで最悪の事態が発生しにくくなるような指針を持つこともあるだろう。大きな成功はなくとも結果を読みやすくなる。同時に、均質化によって脆弱性が発生するリスクは避けられない。

将棋やチェスにおいていろいろな能力を持ったコマが与えられるように、現実の資源にも、それぞれに得手不得手がある。適材適所を心がけることで20個のコマが25個分に使えることも15個分しか使えないこともある。この差こそ、戦略の巧拙による差である。それぞれの資源が得意とする分野で活躍できるように組み合わせればいい。それぞれの資源の強い部分が前面に出るような資源配置を心がけるのは、有効な資源利用ができる、つまり戦略巧者になる第一歩である。

ただ、これだけでは組み合わせによる効用の拡大をまだ十分に引き出せていない。強みを見出すことに加えて、組み合わせ方を工夫することで資源係数を上げることができる。

❖資源係数を上げる方法――補完と相乗

資源係数を上げることができれば、そもそも総量が2しかない資源に3の効果を発揮させられるようになる。そのために、「補完」という概念と、「相乗」という概念がある。どちらも、強みをうまく使うだけでなく、組み合わせ方を考える際に役立つ。

補完というのは、文字どおり、お互いに弱点を補い合うということである。資源Aが苦手とする分野の仕事を、資源Bを導入することで補完する。テレビ広告では接触できない消費者にメッセージを届けるために、ウェブ広告を実施するといった場合が補完にあたる。

相乗は、補完のような足し算的な統合ではなく、むしろ掛け算的な資源の組み合わせ方である。Aの強みをさらに強くするように、あるいはAの弱点分野でもより高い効用を期待できるように、Aの係数としてBが機能する。テレビ広告の効用を最大化するために、有名人を起用することで1接触あたりのメッセージの伝達力を上げるといった場合は相乗にあたる。

❖資源を整理して把握するための6項目

補完あるいは相乗のいずれの方法を採用するにしても、その検討に際しては各資源の特徴をできる限り正確に理解する必要がある。ここで、資源の整理の仕方を6つの項目に従って明確にしておきたい。

まずは、①どのような資源があるのか書き出してみる。資源リストであるから、資源となりそうなものはできる限りもれなく書き出しておく。これも、自分1人では抜け漏れが心配ならば、チームで書き出すと見落としを防ぎやすい。

次いで、②書き出した資源それぞれについて、他の資源と比較したとき、相対的にどのような特徴を持っているか考えてみる。

特徴を把握することで、③その特徴が強みとして発揮される状況、④その特徴が弱みになってしまう状況が見えてくるだろう。このようにして、それぞれの資源についての絶対的、あるいは他の資源に対する相対的な理解を進めていく。

それぞれの資源の特徴が把握できれば、⑤それぞれの資源が「目的」に対して、どのような効用を発揮できそうかが、整理できる。

ここまでの作業で、保有するそれぞれの資源の特徴、投入すべき状況、投入すべきでない状況が示されたリストができあがる。実際にリスト化しておくと、戦略を組むにあたって便利な資源一覧表として使える。また、このリストをチームのメンバーと共有することで、意思疎通の助けとなることもある。

さらに、⑥各資源間の相互作用を考えてみる。ここまでの資源リストに基づいて、それぞれの資源がほかの資源に対してどのような影響をもたらすかを考えればよい。その資源が、ほかの資源の効率を上げたり効果を高めたりするのであれば、相乗的であるだろう。具体的な例を通して議論を深めよう。

❖猪狩り——補完の場合

里山での猪狩りの話がここでの例である。筆者の実体験に基づくものでもないし、実際に行われていた猟なのか寓話なのかも判然としないが、資源の使い方を説明する上でわかりやすい話なので紹介しよう。

この猟を行うときには、村は猟銃を扱う猟師を1人雇う。村人は十数人かがこの猟に参加するが、誰も銃や弓などの猟具は扱わない。猟を始めるにあたっては、まず里山の山頂に開けた場所を探す。うまく見つからなければ樹木を伐採して、少し開けた場所をつくってもいい。銃を持つ猟師はここに陣取る。開けた場所であれば猪を確認しやすく、弾を当てやすいから、ここに猪が出てくれれば高い確率で仕留めることができる。

村人の役割は勢子である。猟師の眼前に開けた場所に獲物である猪を追い込む役割を担う。里山をぐるりと囲むようにして、鍋や釜などを叩いて音を出しながら里山を登っていく。猪は鍋や釜の音を嫌って、音のしない方向、つまり山頂の猟師が陣取る開けた場所に自ずと向かうことになる。猟師が猪を射程内に捉え、仕留めると猟は完結する。

では、戦略の観点からこの猟法を観察・解釈してみよう。

まずは、達成すべき目的の定義である。里山で1頭の猪を仕留める。時間を指定しておいてもいい。これで解釈の余地がない、いい目的の記述になる。

次いで、「目的の局面分割」をしてみる。局面分割は目的を達成するための過程であって、本来の目的を分割した小目的と考えてもいい。

この場合は、①猪を見つける、②猪を猟銃の射程圏内に捉える（距離が問題である。猟銃を持った猟師が猪に近づいていってもいいし、猪を猟銃に近づけさせてもいい）、そして③猪を仕留める、の３つに分割できそうだ。

目的もその達成過程も明らかになったので、今度は資源に目を向けてみよう。

資源を整理するために、先ほどの6つの項目に従って考えてみる。すなわち、①資源のリスト作成、②それぞれの相対的な特徴の把握、③特徴が強みとなる状況と④特徴が弱みとなる状況の理解、⑤それぞれの資源が発揮すべき効用の確定、そして⑥各資源間の相互作用の確認、である。

①この事例では、大きくふたつの資源が登場する。猟銃を持った猟師と、複数の村人である。

②猟師は1人で、猟銃を持っているので猪を仕留めることができる。村人は大勢いるが、猟銃などを持たないので、猪を仕留めることはできない。また、猟師は雇われなので里山の地理に詳しくないが、村人は自分たちの里山の地形を理解しているだろう。

③猟師と猟銃の「仕留める」という効用、すなわち弾を当てるという効用を最大化させるためには、開けた地形で獲物と対峙すると効率がよさそうである。対して、村人はその数と地形の理解が強みである。「猪の捜索」の局面では量的に効果的であるだろう。

④猟師は1人しかいないので、猪の捜索をするには効率がよくない。村人は殺傷手段を持たないので、仕留める局面では役に立たない。

⑤以上から、猟師は開けた場所で「仕留める」ことに集中する。村人は数を頼んで「猪の捜索」を担当する。猪を猟銃の射程におさめるには、猪を銃に近づけても、銃を猪に近づけてもいい。猟師は開けた場所で陣取る、のであれば、村人が捜索の延長として「猪の誘導」をする必要も出てくるだろう。

⑥勢子としての村人の効果は、猟師の効率を大幅に改善することにある。この猟における決定的な資源は猟銃とそれを扱う猟師である。彼の、ひいては猟銃の貢献を最大化するために、村人が効果的に活用されている。猟師が実行しにくいことを村人が負っていて、補完的な役割分担ができる。

目的を明確にし、それを各局面に分割して、6項目を使って資源の整理をしてみた。前述したように、資源の整理をする過程でそれぞれの資源をどの局面へ割り振ると効果的であるかも示されることになる。達成すべき目的あるいは局面としての小目的があり、資源の得手不得手がわかれば、その割り当ては純粋な論理的作業になる。

各局面を達成するために、それぞれの資源の長所を効果的に使い、お互いの短所を補い合うような資源の配置ができると効果的に補完的になる。いわば、隙のない体制をつくることができる。

❖鍋と釜——相乗の場合

では、相乗的な関係の資源運用とはどういったものか。資源Bの働きが資源Aの働きを助長させる、資源Bがあるがゆえに、資源Aがよりよく作用できる形が想像される。先ほどの猪狩りの例を借りれば、村人が手に持つ鍋・釜は、村人という資源が出す騒音を大きくする。手を叩いたり声を上げたりするより大きな音を、より遠くに響かせられる。音が遠くまで響けば、1人当たりの担当面積を広げることができる。つまり、鍋や釜は村人の持つ影響力を大きくする作用があって、彼らの働きに対して相乗効果をもたらしているといえる。同様の相乗効果は、猟師の持つ銃がより高性能なものであるときにも期待できる。

相乗の効果が期待できるのは村人の鍋・釜や猟師の猟銃のような、ある資源に対して付属あるいは従属する追加的なものばかりではない。猟師と村人の間の意思疎通を助ける伝令役や、同様の作用をする通信手段なども相乗効果を期待させる資源となりうる。この場合、猟師と村人の両方の資源を強化することになるだろう。

❖補完するか相乗するかの決め手

相互に補完し合ったり、逆に相乗したりすることで、複数資源を効率的に運用できるという説明をしてきた。では、どういった基準で補完か相乗かを決めればいいのであろうか。

戦略や資源の扱いに慣れるまでは、補完的な組み合わせから考えてみるといい。足し算は掛け算よりわかりやすい。

それぞれの資源が固有の特徴を、それぞれ割り振られた局面でうまく発揮できているようならば、いい補完関係になっているだろう。本当に各資源が強みを発揮できるかどうか確認したら、補完関係を持った資源の配置あるいは投入計画の草案ができる。

次いで、それぞれの資源の効用を最大化するためには、どのような補助的資源を追加すると相乗効果が期待できるか考えてみる。

特定の資源の効用を極端に増加させるような追加資源や相乗効果が見つかった場合、局面の切り方や資源の配置の仕方が変わることがあるかもしれない。経験的には、これは頻発するものではないから、応用的な知識として覚えておく程度でいいだろう。

補完と相乗というふたつの視点について議論を進めてきた。ここで、「資源」についての考察あるいは再解釈をする上で便利な概念を、あとふたつ説明しておく。「代替」と「相殺」である。まずは「代替」から説明しよう。

◈再び、猪狩り——代替の場合

認識しにくい内部資源——内部資源になりそうなもの、の議論におけるアリモノ合わせも創造的な方法論であったが、「代替」資源探しは、きわめて創造的なプロセスである。アリモノ合わせが創造性の発揮であるとき、代替探しはそれを鍛える格好のトレーニングにもなる。

現時点で入手可能と想定されている資源が、もし入手できなかったり機能しなかったりとなったら、どのような代替資源がありうるかと考えてみる。当該する局面に対して、想定されている資源と同様の効用を持ちうる代替資源を考えるのである。

創造性の敵はいくつもあるが、大きなものは「経験に縛られること」と「無意識のバイアス」である。これらの束縛から解放されるのは簡単ではないが、これらの束縛をいったん忘れさせるような仮定を持ち込むことで、創造性のある知見を持てることがある。

創造性は知的レベルではなく、視点の問題であることのほうが多いので、従来と違った視点でモノを見ざるをえない状況を強制的につくることは助けになる。一般的でない視点からモノを見れば、一般的でないモノが見えるものである。

猪狩りの例を採れば、目につく資源としては猟銃、猟師、村人、村人が手に持つ鍋・釜などが挙げられる。これらの資源が入手できなかったときにどのような代替がありうるかを考えてみるといい。

猟銃の代替としては弓などの飛び道具が考えられる。同じような効用を少し弱めた状態で手に入れられる。ところが、「猪を仕留める」という局面に注目すると、猟師の代替として落とし穴などが考えられる。仕留められればいいのであって、弾なり矢なりが飛んでいく必要はないかもしれない。

また、村人の役割は「捜索と誘導」であるから、よく訓練された犬はこの役目をうまく果たしそうである。鍋・釜の代わりに、よく音の通る笛や爆竹なども代替資源として考えられる。猪が通りやすいルートをあらかじめつくっておく、あるいは柵などを設置して通れないエリアを設定しておく、というのも代替案だろう。

そもそもの計画は猟銃を持った猟師と、鍋や釜などの鳴り物を持った十数人の村人という資源構成であった。これらが入手できないという仮定から、山頂につくった捕獲用の落とし穴と複数の狩猟用に訓練された犬と爆竹を携えた数名の勢子、加えていくつかの柵、という資源構成でも同様の「目的」を達成できるかもしれないという結論が出てくる。

これらの仮定をせずに代替資源を簡単に思いつける人は多くはない。そのような人材を資源として有していれば大いに貢献してもらうといい。ただ、ここで示したように、そういった人材がいなくても、「想定していた資源がない」といった仮定を持つことで、見出しにくい代替案を我々が自分たちで考えつくこともできるだろう。この方法は、多くの視点を持った人材の代替案でもある。いま説明したように、これらの資源がなくなったらどうするか、という思考実験は資源の再解釈をする際にもとても有効な知見を提供してくれることがある。過去の経験や、目の前に見えているものが重大なバイアスとなって、資源の再解釈を難しくすることはよくある。

バイアスは、有意識のこともあれば、無意識のことも多い。いずれの場合でも、この代替資源を考えてみるという方法で、過去の経験への固執や無意識にかかっているバイアスを取り除くことができる。特に高価な資源については、安価な代替品に交換可能であれば資源の温存につながる。いうまでもなく、資源の温存は、戦略による長期的な優勢を図る上でもっとも重要な懸案事項のひとつである。

❖高級感を安売り――相殺の場合

次に、「相殺」の概念を説明しよう。相殺とは文字どおり、資源Aに加えて資源Bを持つことで、資源Aがそもそも持っていた効用が喪失されてしまうことを指している。

先ほどの猪狩りの例を使うと、村人の出す騒音が激しすぎて、猪が驚いて走り出したとする。せっかく猟師は開けた場所で待ち構えていたとしても、猪が走り回っていてはなかなか狙いを定められない。この場合、村人と彼らが持つ鍋・釜という資源は、猟銃を持つ猟師という資源の効用を台無しにしてしまっている。つまり、相殺している。

この例は極端であるし、あまりに愚かな話であるけれど、現実世界でも散見される。


せっかく広告コミュニケーションや商品パッケージ、製品そのものの質感などで高級感を確立しようとしているのに、店頭で安売りをし、特価コーナーを独占している。広告では新規ユーザーの試用を促進しようとしているのに、店頭ではロイヤル・ユーザー向けの増量パックの販促をしている。残念ながら、こういった事態は枚挙にいとまがない。みなさんにも経験があるかもしれない。

意味がないのに、なぜこういうことが起きるのか。それぞれの部門や個人は、良かれと思ってやっているのだ。悪意に基づいて混乱させようとしているわけではないだけに、たちが悪いともいえる。回避する方法はないものか。


もちろん、方法はある。きちんと戦略を定義付け、関係諸部署間で共有することで、こういった混乱や相殺はずいぶんと回避できる。達成すべき「目的」を明確にし、どういった「資源」を組み合わせられるか考え、明確な方針として戦略を書き表し、全関係者で共有する。これで組織全体がすべきことと、してはならないことが理解できる。

資源の相殺の回避は、戦略を持つ意義のひとつである資源の効率的な運用につながっていく。

❖資源が均質化すると脆弱になる

仮想空間での実験によれば、単一の遺伝子で構成される種は、調子がいいときは猛然と爆発的に繁栄するのだけれど、ひとたび病気の発生といった非連続的な問題、つまり過去に経験のないような問題が起こると、簡単に破綻し、あっという間に絶滅したりする。そのために、多様な遺伝子を有することが長期的に安定した種の繁栄のためには必要である、と生物学では説かれる。ひとつの問題で全滅するといった最悪の事態を避けられるというのは、不測の事態への耐性を維持できる、と言い換えられるだろう。ビジネスでも、重要なテーマである。

とはいえ、資源の、特に人材能力の均質化は魅力的であることも多い。こちらのブランドの担当者がいなくなっても、あちらのブランドの担当者を持ってくればいい。増員しやすいということは、緊急事態への対応がしやすいということである。配置転換のしやすさが、組織の柔軟性を生むことになる。また、各部署の各担当者がまるで同じことを考えているとしたら、社内調整はきわめてやりやすくなるだろう。

ただ、全員が同じことを考えるというよりも、同じことしか考えられなくなると、組織全体が外的環境の変化の前で破綻するのは時間の問題だ。それでは、仮想空間上の実験結果と同じことが起きてしまうかもしれない。

標準化は必ずしも悪いことではない。全員が一定の能力を持つことは互換性につながり、むしろ組織の柔軟性を生むことになる。複数の仕事を担当することができるプレイヤーは、采配を振る側から見れば便利な存在である。いま自分の組織内に起きていることは、資源の標準化なのか、単なる均質化なのか、改めて見直してみる価値はある。

社内、組織内に起きる不測の事態への対応はもちろん重要な懸案事項であるけれど、それが社外、組織外で起きる不測の事態への対応を阻害してしまってはあまり意味がない。

代替資源を見出すのに使った思考実験は、ここでも役に立つ。現在の資源のラインナップが大いに力を発揮する状況と、現在のラインナップが徹底的に役に立たない状況を考えてみる。特に、後者については厳重に考える価値がある。

次いで、そのような状況が発生する可能性について考えてみる。発生確率が極端に低いか、あるいはそういった事態の発生そのものを阻止できるのであれば心配はいらない。もしそうでないならば、資源の多様性を強化していく必要がある。同じ観察から違うことを思いつき、違うことを考えられる複数の構成員が育つことで、多様性は確保できる。

❖資源が先か、戦略が先か

戦略について議論をしていると、資源が先か戦略が先か、という質問が出てくることがある。

戦略は目的と資源に規定される概念である。つまり、資源に基づいて戦略は定義される。

これに対して、人材戦略、製品戦略、技術戦略という言葉は普通に使われているので、資源に先行して戦略が存在するように見受けられる。本義的には資源が戦略に影響を与えるはずなのに、むしろ戦略が資源に影響するように見える。これをどのように考えるべきなのだろう。

資源拡張を達成目的とする戦略

人材戦略、製品戦略、技術戦略、あるいは一部の企業買収戦略などは、資源の拡大・拡張をその目的とした戦略だと考えるべきである。資源を確保するという目的を達成するために戦略が適用されているのであって、戦略と資源の関係の逆転を示すものではない。ここでも、それぞれの戦略はあくまでそれぞれの「目的」と、その達成のために入手可能な「資源」に定義付けられるものだ。

たとえば、人材戦略というのは、人材、すなわち組織の内部資源の維持・強化を目的とした戦略である。いうまでもなく、この人材について達成すべき目的は前述したSMACあるいはSMARTを満たした表現であるべきだろう。来年の新卒社員を5名採用する、というのはひとつの目的でありえる。

その目的を達成するために有効な資源も明確に認識されていてしかるべきである。ここでの資源は、たとえば高い効果を発揮している社内トレーニング制度の存在や、魅力的な報酬制度、人件費の総額、あるいは会社の高い知名度なども資源として認識できる。人材戦略は、これらの目的や資源に基づいて、有限の資源をいかに運用するかという指針を提供しているはずである。

では、資源獲得は戦略に従わないのか、と確認されることもある。基本的には戦略が資源に従う。保有しない資源に従って戦略を組み立てても絵に描いた餅でしかない。ただ、この資源は必ずしもいま現在所有している必要はない。戦略に基づいた行動計画を実行する時点で持っていればいいのである。正確に表現すれば、戦略は実行過程で入手可能な資源に従う、のである。

CHAPTER

4

戦略の効用

CHAPTER 4-01

戦略を持つことでなにが変わるのか

❖「戦略」を持つことの意義を考える

戦略の定義が明確になり、その構成要素として達成すべき「目的」とそのための「資源」があることがわかり、それぞれについて解説を進めてきた。この章では、戦略を持つことでなにが期待できるのか、を明らかにしていきたい。

前章で、資源の相殺を防ぐという話があった。これは戦略を持つことの意義や効用の一部であるが、もちろんそれだけではない。

まず、戦略を持つことで「目的」を達成する確率を上げられる。そして、同じ達成であっても、よりよく達成できるようになる。いずれも、達成すべき「目的」が明確になり、動員される「資源」が効果的・効率的に使われるようになることが原動力となる。

❖意義① 成功確率が上がる

なぜ成功確率が上がるのかを考えるにあたって、成功しなかった場合、つまり失敗した場合から考えを進めてみよう。失敗した理由は、次のどちらか、あるいは両方に集約されるだろう。

①資源量に対して目的が高すぎた、目的に対して資源量が少なすぎた、あるいはそもそも目的がなんだったのか不明だった。

②資源量は十分であったのに、組み合わせ方が悪くて資源を十分に活用できなかった。

①は目的の設定についての問題である。目的が不明、曖昧、資源に対して高すぎる、といった場合には、当然ながら目的は達成しにくい。

②は資源の運用についての問題である。資源の総量ではなく、使い方やその効用が十分に発揮できていなくても目的は達成しにくい。1億円のマーケティング予算から3000万円分の効用しか活用できないのではマーケティングの目的は達成できないだろう。プレイヤーの半分の能力しか引き出せないチームもゲームで勝つのは難しい。

戦略があることで、目的が明確になる。少なくとも、なにが目的かわからないという事態は避けられる。目的について議論をすることで、資源とのバランスが著しく悪いという事態も避けやすい。同時に、資源もリスト化できる。それぞれをどのように補完、相乗させ、代替を考え、相殺を避けることで、資源を効果的・効率的に運用しやすくなるはずでもある。つまり、失敗の可能性を大きく減ずることができる。失敗確率が下がるということは、結果的に成功確率を上げることにつながっていく。

❖意義②目的のよりよい達成が可能になる

第1章でも述べたとおり、個々の状況や課題によって具体的な現象は異なるが、ふたつの場合が考えられる。①達成の度合いが目的よりも大きい場合、②達成の度合いは目的で設定されていたとおりであるけれど、投下した資源が予定よりも小さい場合である。

❖意義③いい失敗で経験値を獲得しやすくなる

これも第1章で簡単に触れたが、いい失敗、いい負けとは、残された資源がよりよい第二回戦を可能にしている状態をいう。

悪い負け方と比べたとき、資源の損耗がずっと少ない、あるいは、失敗を通して新しい資源を獲得しているだろう。こういった負け方であれば、過大に絶望するべきではない。ただし、いい失敗、いい負け方といっても、もちろん目的の達成はできていないのだから、褒められた状況ではないということは自覚しておく必要がある。目的は達成しなくてはならない。このことは忘れてはいけない。

負けを最小化しつつ学習効果を最大化するためには、最初の資源投入を少なめにしておくという手がある。目的の達成に直接的な影響を与える資金や人材などの資源を最初から大きく節約してしまっては、得られるはずの勝利も得られなくなるかもしれない。資源を節約するために、対象範囲や時間を限定的にするのは効果的である。期間限定の施策や、地域を区切ったテスト・マーケットでの展開などがこれにあたる。また、そういった展開ができない場合でも、中間地点での予定値を設定することは近い効果をもたらす。

たとえば、「6カ月後に10%」という達成すべき目的だけではなく、「3カ月後に6%」という中間地点での予定値も設定しておく。こうすることで、前半の3カ月を折り返すときに進捗状況を把握できるし、必要に応じて実行計画の変更ができる。中間地点での予定値を持っていれば、全面的な失敗の前に学習できる。完全に失敗してしまうのではなく、小さな失敗（あるいは成功）を経験することは、最終的に目的を達成するのに役に立つことが多い。

まだやり直しのきく段階での予定値を設定しておくことは柔軟な戦略運用には不可欠である。最終的な成否がわかる前に成果の観察点ができるわけだから、結果的に成功した場合においても、事後に得られる学習効果は単純計算で倍になる。つまり、中間地点での学習と、最終的な学習である。時間経過に伴う変化を追えることを考えると、倍以上の経験値になることもあるだろう。

観察や分析などに資源を多く必要とするかもしれないが、経験値という資源をよりよく獲得できる。目的を2段階に設定することで、戦略の実行そのものについても柔軟性が生まれる。

経験値や知識は組織の力の源泉といってもいい重要なものである。入社1年目と入社11年目の違いが10年分の経験値差に依存することを考えれば自明である。経験値や知識、ひいては知恵を獲得することで、今年できなかったことが来年できるようになっていく。つまり成長するのである。2年間で5年分の経験値を獲得できる組織は、きっと強い組織に違いない。そうなるためにも、ひとつの経験からなるべく多くを学習できる仕組みをつくっておくことは、強力な組織育成とも直結する。

❖意義④ 再現性の確保

一発勝負の1回だけなら、偶然の成果というものもある。たまたま1回、偶然が重なって奇跡的な成功を収めることもあるだろう。プロフェッショナルとアマチュアの大きな違いのひとつは、プロフェッショナルは再現性をもって何度でも同様の成果を出せる、ということであろう。生まれつきの強運に恵まれなくとも、整合性のある戦略があれば成果の再現性を担保できる。

では、なぜ戦略が再現性を担保することになるのか。

理由は成功の確率が上がるのと、あるいは経験値を稼ぎやすくなるのと同じである。達成すべき目的と関連する各局面が明らかに示されていれば、それぞれの資源が各局面に与える影響を想定できるし、その想定に従って観察できる。どこまで達成でき、どこで障害が現れたのか、そしてその障害がどのように目的の達成を妨げたのか、構造と仕組みを理解することができる。次回は、その障害を構造的に取り除けるようにしておけば、成功の再現性につながる。あるいは成功要因をさらに強力に推進すればいい。戦略を持つことが、ビジネスを行き当たりばったりの博打から、構造と仕組みを理解する科学へと転換を促す。

「ビジネスに正解はない」とか、英語では「It is not a rocket science.」という言葉がある。これは、戦略があまり明確でないときによく聞かれることが多い。どうせ正解はないし、ロケット・サイエンスじゃないのだから「つべこべいわずにやってみよう」と続く。

とりあえず、目についたことからやる。できることからやる。口ではなく手を動かす。このやり方で成功する場合もある。「ほら見ろ、やればできる。案ずるより産むが易し。

考える時間がもったいない。どんどんやれ」となる。

ここで残念なのは、せっかくうまくいきながら、成功の構造や仕組みについての理解が進まないことである。いずれ、破綻することもあるだろう。そして、破綻したときに次回の成功を助けてくれるような経験値や学習が残っていないことに気付かされる。構造も仕組みもわからないので、修理の仕方もわからない。つまり、復活は著しく難しい。行動主義を否定するものではないが、手を大きく動かす前に、少し頭を働かせてもいい。

ビジネスにも正解は必ずある。方程式によっては解がいくつかあるように、正解はひとつではないかもしれないが、確実にもっとも効率のいい最適な正解がある。担当者の力量はそれぞれが資源であり、資源に与える係数でもあるから、人によって正解は違うことも考えられる。担当者Aさんにとっての正解が担当者Bさんにとっての正解と同一とは限らない点は注意が必要だ。個々人の能力に違いがあれば、それぞれの最適解も違ってくる。

誰にでも通用するたったひとつの正解はない、というのは正しいと思われる。ただ、正解はないのだからやってみないとわからない、というのは重要な判断をするにはいささか無責任である。

航空宇宙関連のビジネスでもない限り、ほとんどの人のビジネスは文字どおり「ロケット・サイエンス」ではない。しかしながら、サイエンス（科学）ではあるはずだ。ビジネスは心霊現象や超常現象ではなく、すべて自然現象である。理論的、論理的に説明可能なことしか起きない。世の中に不思議なことは起きても、それは確率的にきわめて稀少なことなのであって、超常現象ではない。これは、マーケティングについても同様である。

マーケティングの実務において、アートやセンスの要素がないわけではないし、あったほうが効率のいいことも多い。とはいえ、アートだから、あるいはセンスだから考えなくてもいいというのは怠慢である。アートであっても、成功の反復を担うプロフェッショナルとして論理的な説明をつけることはできる。

❖意義⑤ 有意識の力

なんとなく理解していたつもりのことを、きちんと文章化して理解する過程で新しい発見をすることがある。明文化は、漠然とした無意識の理解を有意識下に置き直す過程である。戦略を考えるというのは、目的や資源を明文化することから始まるので、まさにこの過程に相当する。実例で説明しよう。

ある紅茶のビジネスでの議論である。多くの飲料ビジネスと同じように、「味と香り」が重要だという消費者調査の結果が出ていた。素直に「味と香りにおいて、競合に対する優位を確立する」という「目的」で十分だろうか。

間違いではないが、この記述だけではあまり役にも立たない。そもそも、何十年も「味と香り」における優位を確立しようと、チームの担当者も、そしてこのチームと競争している競合の担当者もがんばってきているのである。「味と香りにおいて競合に対する優位を確立する」だけでは去年や一昨年と同じようなことが起きるだけで、大勢に変化は望めない。

そこで、担当者たちは「味と香り」をもう少し深く考えてみることにした。ミクロな時間軸に基づいて「味と香り」を捉え直してみたのだ。

①パッケージから紅茶を取り出したとき。②ティーバッグをカップに入れたとき。③お湯を注いだとき。④抽出時間中。⑤抽出の終わったティーバッグを取り出すとき。⑥カップを持ち上げるとき。⑦一口目をすすっている瞬間の味と香り。⑧口中に入った瞬間の味と香り。⑨口中で温度が下がってきたときの味と香り。⑩喉を通るときの味と香り。⑪飲み込んだ後の味と香り。⑫二呼吸目に残る味と香り。そして、二口目についても同様の過程が考えられる。

最初の一口目が終わるまでで12もの過程に分割されている。二口目もさらに⑥から始まる7つの過程に分割される。大雑把に「味と香り」で優位に立つ、で終わらず、細かな過程に分けることで「味と香り」についての具体的で仔細な捉え方が可能になる。「味と香り」といいながら、実は視覚効果が大きなバイアスを与えることもわかってくるかもしれない。口に入れるまでは味覚に実効性はないが、視覚の影響は意外に大きい。黒いカップで飲む紅茶は、白や透明のカップとはいささか味が異なるように感じられる。

明文化することで、我々はどの過程での「味と香り」にこだわるのか、担当者間で意見の統一をはかることができる。有意識下に置くことで議論の対象は明確になる。明確になることで、議論は深まる。

❖意義⑥ パニックを防ぐ――一貫性を担保する

第1章では、戦略を持つことで計画に一貫性と安定性が出る、という説明をした。この点について、ここではさらに詳しく議論したいと思う。

車を運転していて事故を起こしそうになった瞬間のように、ビジネスにおいてもパニックを起こすことがある。重要な会議中に重役から難しい質問を受けることによって引き起こされる個人的なものもあるが、数日たっても数週間たっても、場合によっては何カ月も組織がパニックを起こしっぱなし、ということがある。

このパニックとは、市場の不確実性と知識の欠如によって起こされるものである。競合ブランドの急速なシェアの増加、自社ブランドの短期間での顧客の喪失、自社が取引先の取り扱いアイテムから外された、などがパニックの原因となる。このパニックは組織ピラミッドの下のほうで起きることもあるし、上のほうで起きて雪崩のように組織全体に波及することもある。

シェアが落ちている。競合のシェアが上がっている。上司が、取締役が、株主が騒ぎ始める前になんとかしなくてはならない。さもないと我々が（正確には、上司である私が）無能に見える。とりあえず手を打つんだ。考えてないでなにかしろ。危機に際してはアクション志向が大事だ。そうだ、値段を下げてみよう。すぐに価格を下げられないのならば増量プロモーションをしよう。広告をもっと派手に。もっとたくさん投入しよう。タレントを変えたほうがいいのではないか。試供品を配ればどうだろう。取引先にリベートを出せばいい。店頭を目立つように。パッケージの色を変えてみよう。光るほうがいい。棚で目立つように大きなステッカーも貼ろう。いっそ店頭に販売員を置いてみよう。いや、やっぱり新製品だ。同じ材質や機能を謳った新製品を出せばシェアを取り返せるはずだ。できないはずはない。できる方法があるはずだ。6カ月で、いや、いますぐやるのだ。

これがパニックである。何週間も、何カ月も、場合によっては何年も続くケースもある。

読者のみなさんも、経験があるのではなかろうか。よく見る光景でもある。こういった議論から出てくる行動計画は、まず機能しない。少なくとも、私はうまくいった様子を見たことがない。稀にラッキーパンチが当たることもあるが、事態が悪化することも少なくない。その程度のことで回復するなら、そもそもパニックに陥るような事態にはなっていないだろう。

シェアが落ちている、あるいは競合のシェアが上がっているということは、我々のなにかがうまくいかなくなっているのだ。なにが間違っているのか、なにが不十分なのか、ろくに考えもせずに思いつきで行動を起こしたとしても、たまたま正解を引く可能性は実に低い。でありながら、無駄なパンチを撃ち続けることで体力は消耗していく。

その場しのぎでは解決不能

なぜこのようなことが起きるのか。行動計画を採択し、毎日忙しく手足を動かすことで一時の安心感を得られるというのは事実である。加えて、「我々は危機に際して強力なアクションを取っている」という報告を上司や本社にすることもできる。結果が出てくるまでは無能さを覆い隠すことができるどころか、果敢に困難に立ち向かっている印象さえつくり出せるかもしれない。

現実的には、これはきわめて空虚な一時しのぎの安心感であって、本質的な解決につながるわけではない。宝くじは買わないと当たらないが、買ったとてそうそう当たるものではない。その場しのぎの当てずっぽうなプランがうまくいく可能性とは、多分、その程度のものである。しかも、こちらがパニックを起こしている間、競合は成功している実行計画を着実に遂行している。

一生懸命やっているのだからうまくいくに違いない、と考えるのはきわめて危険だ。世の中、一生懸命でなくてはうまくいかないが、一生懸命なだけではなかなかうまくいかない。


この間、組織の思考は閉塞している。すでに何度も試みたプランを繰り返そうとしたり、単なる思いつきを実行しようとしたりする。偏狭な枠組みの中で激しくもがいていたり、同じ思考ループをぐるぐる回っていたりするのであって、思考が完全に止まっているというわけではない。アクションはむしろより活動的になっているかもしれない。本人たちは一生懸命考えているつもりなので、閉塞に気付きにくい点はむしろ始末が悪い。

「ピーターの法則」という人事関連の法則がある。能力主義の階層社会では、個々人は固有の能力の極限まで出世する、というものだ。能力を発揮できなくなったところで昇進が止まる。有能な社員は有能であるがゆえに管理職になるのだけれど、管理職の仕事と一般社員の仕事は同じではないから管理職としては無能かもしれない。その次の段階に上がれるほど有能でなければ、そこで昇進を止める。次の段階に行けそうであれば、上がっていくが、次の段階でも同じように有能であるかどうかはわからない。ゆくゆくは、すべての人はそれぞれ固有の無能レベルに到達してしまう。

もちろん、この現象への対処法はいくつも開発されているのだけれど、対処法が機能しないこともある。それぞれに活躍し、結果を残してきたリーダーたちがパニックを起こしてしまう理由の一部は、この法則が説明しているかもしれない。

これらのパニックは、リーダー個々人の能力だけでなく戦略の問題であることも多い。戦略が確立され浸透していないと、不測の事態が発生したときにパニックが起きやすい。逆に、パニックが起きているときに、明確な目的が示され、活用できる資源が掌握されていることも少ない。

そもそもパニックとはなにか

なぜ戦略がパニックを防いでくれるのかを理解するにあたって、まずはパニックとはなにかを理解しよう。車の運転のように瞬間のものであれ、先の例のように長期にわたるものであれ、パニックとは混乱状態のことを指す。では混乱状態とはなにか。混乱状態とは、なにをしたらいいのか、皆目見当がつかなくなった心身の状態をいう。

なにをしたらいいのかわからないときに、自分がなにをしたらいいかわからなくなっていると理解するのは難しい。それを認めるのは相当の経験値、人格力や胆力を必要とするのだろう。自分がパニックに陥っていることを理解しないまま、思いついたことを思いつくままに指示として口に出してしまうリーダーがいる。思いつくままなので、脈絡がなく一貫性もない。

よしんばそのリーダーの能力が一般社員平均の10倍あったとしても、その担当範囲は一般社員の10倍どころではない。何十倍、あるいは何百倍もあるかもしれない。この場合、単位案件あたりの能力は一般社員の1／10になってしまう（一般社員の能力×10倍の能力÷100倍の責任範囲）。責任範囲の広さを考えれば、担当チーム以上のアイデアを出すのはとても難しい挑戦だ。

組織はそのリーダーの思いつきで右往左往し、もっと本質的なことに使うべき時間をいたずらに失っていく。不安定な状況下で稀少な資源を無駄にしていては、事態は回復どころか悪化の一途をたどる。パニックになってしまうと、自然に回復するのは難しい理由がここにある。

パニックからいかに回復するか

では、パニックを防ぎ、回復するためにはなにをすればいいのか。パニックの定義に基づけば難しいことではない。なにをしたらいいかわからない、という状態をつくらなければいいのである。

戦略を明確にしておけば戦略に立ち返ることができる。目の前に起きている不測の事態を、現在採用している戦略を通して観察する。その不測の事態が、そもそもの「目的」や投入可能な「資源」にどのような影響を与えていて、あるいは与えていないのか、考えてみることで、現行の戦略の妥当性を推し量ることもできるだろう。この点、詳細は次項で説明する。また、対応策も戦略に基づいて考えられる。達成すべき「目的」が理路整然と書かれているはずであるし、利用可能な「資源」も明示されているのだ。目的に対して整合性のない意見や、資源を非効率に消費するかもしれない思いつきに惑わされることを防いでくれるだろう。

戦略の書き換えは思いつきではなく、戦略を組み立てるときと同様、論理的な議論を経るべきである。マネジメントの暴走が始まってしまっても、戦略が明文化してあれば突拍子もない思いつきから組織とビジネスを守る護符として使える。少なくとも、正気を取り戻させる可能性は残っている。明文化した戦略がないとそれすらできない。

❖意義⑦ 自損事故を防ぐ

目的を達成できないのは、自損事故によるものかもしれない。多分に経験的な話であるけれど、それぞれの経験をよく分析してみれば、これは大きく外した議論ではないと賛同される方々も多いのではないだろうか。自損事故を起こして、レースを最後まで走りきらずに棄権しているのだ。競争相手に点を取られたというよりも、オウンゴールになっている。これでは競争以前の問題である。

この場合、競合が強すぎる、目的が高すぎる、資源が不十分といった分析では十分に説明できない。自損事故であるのだから外的な理由ではなく、組織内でなにかがうまくいっていないはずである。資源の総量かもしれないが、資源の組み合わせ方かもしれない。自損事故を防ぐことのひとつに、資源の相殺を防ぐことがある。重要な資源が相互に補完し合い、相乗効果を発揮できる配置になっているか、見直してみるといい。

❖意義⑧ 意思決定を助ける

意思決定についても第1章で少し説明したが、重要な概念なので再び取り上げることとする。

意思決定は簡単なものではない。なにかに決めるということは、取捨選択をするということである。取るものがあれば、捨てるものもある、ということでもある。意思決定の難しさは、捨てることの難しさである。

特にビジネスにおける意思決定に関していえば、そこに説明責任も発生する。上司へ、関連する他部署へ、株主へ、取引先へ、そしてもちろんその意思決定を実行する組織やチーム、部下に対して説明しなくてはならない。

感情や直感による意思決定では、理路整然とした説明がしにくい。説明がしにくいから、意思決定自体をしにくくなることもある。結果的に、意思決定が遅くなり、一時的に棚上げすることで無為に時間を潰してしまう。意思決定を先送りすることもすでにひとつの意思決定でありながら、時間と時限性のプランを放棄しているという認識が薄いことも少なくない。いい戦略があることで、意思決定をしやすくなる。なにを達成すべき目的とし、どのような資源が入手可能なのか明示することができれば、なにを捨ててもいいのか決心はつきやすくなる。もちろん、意思決定の説明は難しくない。戦略が意思決定の大義になり、根拠になり、説明として使えるからである。すべての関連する人や部署が、戦略という大義のもとで一致団結できる。

❖意義⑨ 目的を共有する

ひとつの戦略のもとで組織が一致団結できるというのは、目的が明確に共有できることでもある。つまるところ、なにを達成したいのか。なにが起きたら、我々は成功しているといえるのか。勝利の様子とはどのようなものになるのか。きわめて基本的なことながら、全組織が目的を共有していないことも珍しいことではない。

目的の共有がなされないがゆえの資源の相殺はよくある事態のひとつといえる。全員が同じ方向を向いていない。それぞれが、なんとなく行きたい方向に行こうとする。右のタイヤと左のタイヤが同じ方向を向いていなければ、前には進まない。これでは、自損事故も起きるだろうし、レースどころではない。

❖意義⑩ 摩擦を下げる

もうひとつ散見されるのが、資源の本来の力が十分に発揮されていないことである。プロセスをうまく守れなかったり、補完関係にある資源のバランスが不適当であったりという例がこれにあたる。いかにいいコーヒー豆を入手したとしても、適切に保管されていなければ酸化して惨めな味になるものだ。あるいは適切な温度で淹れなければ味も香りも台無しになってしまう。

せっかく期待の新商品が導入されるというのに、取引先が指定するタイミングで紹介できなければ、商談にも持っていくことができない。店頭の露出が少ないといって営業部隊を責めても時機を逸していては営業も実行できない。いい広告ができたとて、適切なメディア量を確保できなければ真価を十分に発揮することはできない。

プロジェクトを成功裡に進めるのは簡単なことではない。大きな組織になればなるほど、社内、組織内の意思統一は難しくなる。細かなことまで口を出したくなるマネジメントや本社というのは、どの大組織でも小組織でも聞かれる、代表的な愚痴といってもいい。本社や上層部に提出する書類が膨大で、ルーチン・ワークだけで毎日が終わってしまうことも珍しくないだろう。管理が大量に存在し、方針が明確でない場合に出てくる症状である。こういった組織では、お互いの意思疎通だけで膨大なエネルギーを浪費してしまう。

クラウゼヴィッツは、このようなエネルギーの浪費を「摩擦」という概念で示した。そもそもの計画が予定どおりに進まないのは組織内の摩擦が原因であることも多い。自損事故やオウンゴールの原因にもなる。

資源間の連絡がうまくいかないことで力が浪費されていく。せっかくエンジンが大きな馬力を発生していたとしても、タイヤに辿り着くまでに介在する機械・部品による摩擦で馬力が減耗してしまうようなものである。計画を実行する組織でもこういったことが起こる。

クラウゼヴィッツによれば、これらの摩擦は経験を積むことで解消できる。経験値の高い人材やチームを部署と部署の接続点として介在させるのは、ひとつの解決法になるだろう。経験が長ければ、有機的な人脈が緩衝材の役割を果たしてくれたり、軋轢を避けてショートカットをしてくれたりすることもある。経験の長さを期待できない場合には、経験値の低さが摩擦を増大させないような配慮が必要になる。目指すべき状態は、不具合に対する柔軟な対応ができることである。担当者の経験が不足しているのであれば、彼らから経験値の高い人材への定期的な連絡や、ホットライン的な伝達ルートの設定なども役に立つだろう。

近年の戦略研究者であるマーチン・ファン・クレフェルトは組織の「硬直化」という概念を説明している。組織が洗練され、規模が大きくなるにつれて、柔軟な対応ができなくなっていくことを指している。硬直化も、不具合に対する組織の対応の仕方についての問題であると考えれば、摩擦に対する考え方を転用できるはずだ。

明確な戦略は、組織内の意思統一に役に立つ。なにを達成したいのか。そのためにどういった資源を使えるのか。そして、それをどのように組み合わせるのか。これらが明確にしてあれば、組織のこちら側とあちら側、あの部署とこの部署が違う方向に進もうとするリスクを大幅に減ずることができる。目的に基づいた行動を促すことができれば、硬直化の度合いを下げ、柔軟性を維持しやすくなる。

優先順位についての共通理解も重要な項目である。所定の時間内にプロジェクトの概要を決定しないと取引先と商談ができない、競合関係を考えたときに最適な出荷日に間に合わない、など外的な要因による締め切りがある。これに対して、社内的な不確定要素が阻害要因になることがある。社内の準備が間に合わなかった、などというのは残念な話である。頻発するなら、社内システムの包括的な見直しをしたほうがよい。

厄介なのは、あるプロジェクトを進めているときに、プロセスの途中でもっといいアイデアが出てきた、という類のものだ。「よりよいアイデア症候群」である。もっといい製品ができそうだ、もっと素晴らしいコミュニケーション計画をつくっているところだ、もっと効果的な販売計画を思いついた、などという例だ。

市場に、消費者に、取引先にもっとよいものを提供するために、数日あるいは数週間スケジュールを遅らせられないだろうか。これは甘美な罠だ。複数の組織が絡み合う複雑なプロセスを伴うオペレーションの場合、そのプロセスに時間どおりに乗らなければ物事は前に進まない。競技車両を調整するために時間をかけすぎたら、レースが始まってしまう。

よりよいものを提供する、というのは遅延に対して強力な免罪符の役割を果たしてしまうことがあるが、これは社外では通用しない。中途半端なもので勝負しても勝てないが、時間資源は競合と共有していることを忘れてはならない。

❖意義⑪ 権限委譲を助ける

権限委譲を真剣に考える組織においては、戦略による組織管理は合理的な方法論である。どういった「目的」を達成し、どの「資源」をどのように組み合わせるのか合意できている限り、具体的な計画は現場に任せやすい。定期的な進捗状況の確認はしつつも、マネジメントが不用意に詳細に立ち入って邪魔をするリスクを避けられる。進捗状況の確認においても、「目的」の達成度合いと「資源」の使用状況に集中すればいいから、よほど進捗状況に問題がない限り、計画の詳細を検分する必要はない。計画の細部に立ち入らないというのは、それ自体がマネジメントや本社に強い自制を強いるものではあるけれど、戦略が明確であれば自制の度合いも少なくて済む。

「本社の口出しや、本社に提出する書類が多すぎて、本来すべき仕事に時間を割けない」とか、「会社の方針がよくわからない。毎年15%の利益成長をしたいのはわかっている。そのためにコストを削減し、人件費などの間接費を圧縮し、売上を上げたいのだろうけれど、全体としてどこに向かっているのかわからない」といった不満を耳にすることがある。

これを、ゲイリー・ハメルとC・K・プラハラードは『コア・コンピタンス経営』の中で、「管理がありすぎて方針がなさすぎる」と説明している。明文化された戦略を持つことは、方針を示して管理を減らすことにつながる。

CHAPTER 4-02

戦略があれば不測の事態に対処できる

❖突発的な不確実性が目的達成を阻む

自損事故をうまく防ぎ、摩擦も管理できているとしよう。この時点で「目的」の達成に大きく近づいている。

とはいえ、自損事故や摩擦を防ぐだけでは「目的」の達成にはまだ十分ではない。社外、組織外の不確実性や突発的な不確実性に対応しなくてはならない。外的環境には社内以上に数多くの不確実性が存在する。競合はその最たるものであるけれど、取引先、消費者、納入業者、あるいは新しい法令をつくる行政機関、消費者団体やアカデミアを含む各種のオピニオン・リーダーたち、その時々の世論や流行り廃りなども我々の大事な計画にさまざまな影響を及ぼしてくるだろう。

不測の事態とは文字どおり、想定していなかった事態である。計画がうまくいかなかった、売れなかった場合を示すだけではない。うまくいきすぎた場合も問題になることがある。予想の倍も売れてしまうとかえって都合が悪いといった業界も少なくないだろう。そんなに簡単に増産できるわけではないのだ。品切れが続けば、ユーザーも流通のパートナーも、我々のブランドの印象を悪くしてしまうかもしれない。良くも悪くも、できる限り不測の事態は発生してほしくない。

定義に基づけば、すべてを予測しきれていれば「不測」の事態にはならない。ここにヒントがありそうだが、果たして、戦略はこれらの不測の事態に効果的な対応策を示してくれるものだろうか。そうだとすると、どのように不測の事態に対処してくれるのだろうか。

❖対処① そもそも本当に重大な事態なのかの確認

不測の事態の発生に際して最初にすべきことは、その不測の事態がどのように、そしてどの程度に、あらかじめ規定された「目的」や再解釈された「資源」に影響を与えるか、という測定と理解である。不測の事態そのものの大きさだけで動揺すべきではない。

自分たちが計画している新商品の導入と同じ時期に、同じカテゴリーで別の企業からも大型の新商品が投入されるという不測の事態が発生したとする。この程度のことは事前に予想しておいてもいいことではあるが、今回は想定されていなかったものとする。知らせを聞いて、営業やマネジメントは動揺するかもしれない。流通も警戒するかもしれない。

まず確認すべきことは、果たして競合の導入は本当に重大な事態を招くのか、ということである。もし、招くのだとすると、どの部分に影響が出るものなのだろう。自分たちの目的や資源に対して甚大な影響を与えうるのであれば、戦略の改訂を考える必要がある。ところが、ちゃんと考えてみたときに、自分たちの目的や資源に対して大きな影響を与えそうもないのであれば、もともと設定した戦略のとおりに事を進めていけばいい。対象となる消費者層が全然違うとか、焦点を当てた使い方が競合しないという場合がこれにあたる。場合によっては、むしろカテゴリー全体の露出や注目度が高まるという意味で歓迎するべきものかもしれない。この場合には、むしろ積極的に戦略を変更する価値がある。

競合の過小評価と同様に、過大評価も危険である。せっかく戦略を組み上げて目的の達成に邁進しているときに、無用にふらつくのは自損事故につながりかねない。不必要に焦ったり怯えたりしないためには、競合の行動そのものだけでなく、自分たちの目的と資源への影響を理性的に考えることが重要である。

特に、正面の競合や大きな勢力の行動に対しては、我々は過敏に反応しすぎることが多い。市場の最大売上を誇るリーダー企業が新しい動きに出ているのに、あるいはナンバー2が挑発してきているのに安穏としていていいのだろうか、というのは正しい危機感かもしれない。しかしながら、市場のリーダーが新しい動きに出たということが、あるいはナンバー2が挑発してきているということが、常に我々の目的や資源に多大な影響を与えるとも限らない。もしそうであったとしても、彼らの影響を正しく認識しなくては、効果的な対応も取り難い。即座に自動的に価格を下げたり増量パックの販促を決定したり類似品を出したり、といった行動に出るのは正解かもしれないが、まったくそうでない場合も多いのだ。また、これらの競合の動きを理解する時間を、手をこまねいて無為に過ごしている、と認識するのも危険である。理解のための重要な時間は、曖昧さや不確実さに耐える理性の力が試されている時間でもある。地図も見ずに走り出しても目的地に着く可能性は高くない。

人間が大きな恐怖を感じる状況に、対象をよく理解できていないという場合がある。大きな変化がある、という曖昧模糊とした状態で感じる漠然とした恐怖は、具体的な目的や資源への影響を把握した後では大きく減ぜられているはずである。少なくとも、対処すべき問題として明示されていれば、脅威ではありえても恐怖ではなくなっているだろう。

❖対処② 代替策、緊急策の事前準備

安定的なシェアを誇っていたブランドに突如として商品リコールが起きる。原材料の調達に急に問題が出て今週から生産できなくなる。競合が先週から激しい店頭攻勢に出てきた。こういった場合、対応には一刻の猶予もなく、タイミングがきわめて重要な要素にな

る。2週間後に100点の解答を用意するよりも、今日の午後に30点の解答があったほうがいい、という場合がある。言い換えれば、時間という資源が決定的に重要で、かつ不足している状態である。

時間が不足しそうなのであれば、事前に考えておくことで時間を節約できる。代替案や緊急策を事前に考えておけば、問題の発生直後から迅速に回復策を起動することができる。想定外の事態というのは、実はそれほど多岐にわたるものではない。マーケティングの4Pを借りれば、製品、プロモーション、チャネル、価格のそれぞれについて考えておけば大きくは外さない。

製品については、製品を製造できない、製品の販売を継続できない問題が発生した。プロモーションについては、全国でプロモーションを停止しなくてはならない事態になった。チャネルについては、全国でリコールが必要になった、流通・配荷できない状況が生まれた。価格については、競合との相対価格差が劇的に変化した、などがすぐに考えられる。ブランド・チームはそれぞれのPについて、最悪のシナリオをひとつかふたつ想定し、事前に行動計画を用意しておいてもいい。

これは、平時に災害避難所の確認をしておいたり、非常食や非常持ち出し袋を用意しておいたりすることに似ている。企業によっては、大災害が発生した場合の行動計画をマネジメント・チーム内で共有していることも多いだろう。これをブランド単位で重要な行動計画についてやる、ということだ。

ただし、すべての資源や計画に代替案を持つことは資源の濫用につながることもあるので注意すること。

❖対処③ 資源の予備

不測の事態が本当に緊急事態であることを確認でき、事前に準備した代替策や緊急策では不十分な場合に備えて、さらにふたつの方法がある。

ひとつは、「資源」の組み合わせを外的環境の変化に対して頑強に、あるいは柔軟に設定する方法。もうひとつは、競合あるいはその他の不確定要素の将来的な変化を競合相手の戦略に則って予測する方法である。

この項では前者の、どのように資源を解釈すると、あるいは組み合わせると外的環境の変化に対応しやすいかについて考察する。競合の戦略、あるいはその他の不確定要素の読み方は、第7章で解説する。

資源の組み合わせで外的要因の不確実性にうまく対応するためには、なにを考えておく必要があるだろう。クラウゼヴィッツの『戦争論』にヒントがある。戦略予備という概念である。『戦争論』（レクラム版、第3編第13章）には次のように説明されている。

予備には、それぞれ区別されるふたつの使命がある。すなわち、第一に戦闘の継続と新たな戦力の投入であり、第二に予測できない事態への対応である。第一の使命は、継続的な戦力の使用を前提としているので、戦略的な問題ではない。これに対して、敵に圧倒されそうになっている地点に一個軍団を派遣するという場合は、そこで抵抗しなければならないであろうことが事前に予想されていなかったので、明らかに第二の使命に属する。しかし、単に戦闘の継続を目的として控置されていた一個軍団は、砲火の外にあったとしても、戦闘を主催する指揮官の隷下にあるので、戦術的な予備であって戦略的な予備ではない。

しかし、予想できない事態に備えて戦力を控置しておく必要性は戦略においても有り得るので、予想できない事態の生起する可能性がある場合にのみ、戦略予備が必要となる。

同時に、彼は次のようにも述べている。

その一方で、戦略予備という思想が矛盾に陥り始める点は、容易に特定することができる。この点は、主決戦にある。持てるすべての戦力は、主決戦に投入されなければならない。したがって、この決戦の後で使用が予定されるいかなる予備（戦闘準備を完了した戦力）も、不合理以外の何ものでもない。

不測の事態に備えた予備は重要であるけれど、決戦においては予備を持たず全戦力を同時に投入せよ、ということである。戦争における決戦ではそうなのかもしれないが、マーケティングにおいては必ずしもそうではない。なぜか。

戦争はブランド・マネジメントにおける競争状態を考える上で、比喩として使いやすい。軍事的な戦略論をブランド・マネジメントの競争的な側面に適用することで、有益な示唆を得ることも多い。同時に、軍事的な競争とブランド・マネジメントを中心とするマーケティングの競争の概念的な違いも明確に認識しておく必要がある。

すべての軍事戦略は政治手段としての戦争の終結を目指すものであるし、戦争はいずれ終結する。対して、マーケティングの競争は基本的に終結しない。多くの場合、競合ブランドの市場からの排除はブランド・マネジメントの目的ではない。ブランドの競争では、消費者満足の最大化を優先的に目指すべきであり、競合の制圧や競合の長期間の不活性化は本義ではない。競合企業の撤退、倒産あるいは競合企業をまるごと買収するという可能性があるとしても、すぐに新しい競合が登場してくるものだ。特に、ブランドは製品と違ってライフサイクルを持たないから、競合との長期的な競争関係を前提とすることはなおさらである。決戦という概念は継続的な競合環境を前提とする場合にはそぐわない。決戦が存在しないとするならば、予備資源を確保しておかない理由は乏しい。すなわち、我々はよほどの決心がない限り、戦略的な予備資源は常に持っておくべきである。これは不測の事態への備えとなる。

軍事戦略上の予備資源が予備戦力であるときに、マーケティングやビジネスにおいてはどのような予備戦力を持てばいいのだろうか。もっとも融通の利く資源と、もっとも融通の利かない資源を予備として持ち込むと都合がいい。

もっとも融通の利く資源はマーケティングあるいは営業支援の予算である。新商品導入や大きなマーケティング活動を始めるにあたり、予備の予算を確保しておくことは絶対的に正しい。この予備予算は、プランの一部が不発に終わった場合の修正策といった場合だけでなく、あるプランが想定以上の効果を収めた場合の追加策としても使える。

たとえば、新商品についての認知を予定の期日までに達成できなかった場合、予備予算を持つことで追加の広告投下を可能にできる。あるいは、導入計画の一部分であるウェブ関連のプランがロイヤル・ユーザーの大幅な増加に寄与したことがわかれば、ここに予備予算の追加投入をすることでさらなるロイヤル・ユーザーの増加を進める、といった使い方ができる。複雑に絡み合ったマーケティング・プランの全体を大きく揺るがすことなく外的変化に対応するためには、融通の利く予算は便利に使える。

予算に次いで融通の利く資源は人員である。もちろん、頭数を増やすことは容易ではないが、個々人の作業量を増やすことは実行しやすい。このために重要なのは、チームメンバーの作業量を平時に限界まで使い切らないことである。個々のメンバーが担当する作業量が飽和している場合、追加の作業を指示することは難しい。全メンバーの総作業量を、総容量の80％程度にしておくことで、予備が生まれる。不測の事態が発生した場合、最初の対処として状況把握や分析をしなくてはならなくなることが多い。人的資源に余裕を持たせておくことは対応力を維持する上できわめて重要な配慮となる。

普段から80％で運転するほど余裕はないよ、というブランドも多いかもしれない。であれば、ブランド・リーダーはなおさらこの困難な課題に挑戦する価値がある。ちゃんとできれば、競合よりも不測の事態への対応力を高められる。

では、戦略予備としての資源はどの程度に保有するべきであろうか。考え方は大きく分けてふたつある。ひとつは、最初から10％を予備とする、と決めてしまう方法である。もうひとつは予備を含まない計画を立て、余剰が出れば予備とするという考え方である。通常、所与の目的を達成するにあたって資源が頻繁に余るという事態は考えにくいので、前者を採ることが多いだろう。

もっとも融通の利かない資源は、時間である。時間は情け容赦ない。予算や人員の配置は会社の資源限界までは転用可能であるという可能性も残されているが、時間はそうはいかない。予備的な時間資源を簡単に確保する方法は、スケジュールに余裕を持たせておくことである。4月1日までにすべきことを3月28日までに済ませておけば、ここに3日分の予備を持ち込める。

考えるべきことは、総作業量を減らしてでも時間的予備を持つべきかどうか、である。期限いっぱいまで、できることをやり尽くすというのは基本的に正しい。しかし、それはあくまで不測の事態が起きないという前提である。「不測の事態が起きない場合に限り」という条件付きの作業を規定しておくことで、時間的予備と準備の徹底を両立させられる。いずれにしても、周到な準備が要求されるという事実は変わらない。

予備資源の延長線上にある考え方をひとつ示しておこうと思う。特に、イノベーションといわれるプロジェクトについては、その成否を事前に把握することがことのほか難しい。想定外の事態しか起こらない、という感じを持たれるかもしれない。事前に調査したところで、消費者も経験したことのないイノベーションであれば、本当に欲しいのか、どうやって使うのか、事前に答えられるわけもない。

こういったプロジェクトの場合、テスト・マーケットをしておくことは消費者や市場環境について重要な示唆を与えてくれることが多い。本格導入前に経験値を得ておく、と言い換えてもいい。事前の調査は万全にしつつも、実際の市場のダイナミズムの中でこそ得られる経験や知識は必ずある。それらの学習は本格導入の際に、資源の効果的な投下を助けてくれるに違いない。全部署が安心して全力疾走できる、というのも大きな利点であるだろう。

CHAPTER
4-03

戦略と再現性に固執する

❖甘い罠に陥らないように

第1章でも述べたように、ブランドやプロジェクトの運営にあたって、もっとも重要な規律のひとつは戦略と意思決定への固執、あるいは一貫性である。一度決めたらなるべく変えない、という意味である。

どのプロジェクトでも、前出の「よりよいアイデア症候群」とでもいうべき甘い罠が用意されることがよくある。過去の決定にいたずらに囚われるべきではない。新しい情報に基づいて計画を変更すべきである。実行計画の柔軟性はダイナミックな市場の変化に適応するために必要である。変化を恐れていては革新的な目的の達成は難しい……。こうした耳に心地のいい言葉は、組織を惑わせ、資源を浪費させることもある。

組織規模が大きくなればなるほど、意思疎通と方向転換に多大な資源を使わなければならないことを忘れるべきではない。よほど組織が小さかったとしても、混乱は否めない。拙速な方向転換は、無用な資源の浪費、ひいては自損事故につながる可能性もある。

これは、過去への拘泥を捨てること、情勢変化の把握や対応、柔軟な戦略思考、変化の大胆な受容などを否定するものでは決してない。これらはいずれもとても重要な姿勢であるが、すべて意思決定前にすべきことである。一度決定したことを覆すには、それだけで大きな資源の浪費を迫られるという事実を明確に認識すべきである。1週間後に意見を翻すということは、1週間分の資源を浪費するのと同義であるという可能性を理解しなくてはならない。

少なくとも、もっとも融通の利かない資源である時間は、確実に減っている。加えて、組織の動揺なり不信なりといった喜ばしくない不利益も覚悟しなくてはならない。

頻繁に意思決定が覆る組織においては、この資源の浪費分がうまく勘案されないことが多い。すでに投入された分の資源を割り引いて考えてしまう。計画の終盤に、スケジュール上のしわ寄せという形で資源の不足に気付き、最悪、自損事故となってプロジェクトは頓挫する。朝令暮改は、1日分の停滞を意味する。

基本原則としては、いったんなされた意思決定を覆すのは避けるべきである。もちろん例外はあるし、柔軟性の排除は望ましいことではない。

では、どうすれば頑迷にならず、合理的に意思決定に固執できるのだろうか。

注意深く組み立てられ、確立された戦略に固執することは、理性的にひとつの意思決定に固執し続ける方法となる。判断そのものではなく、判断の基準となった戦略に固執する。そうすれば、柔軟かつ頑健でいられる。

戦略がそのよりどころとする、達成すべき「目的」と投入可能な「資源」に大きな変化がない限り、当初の戦略に固執することは論理的に正しい。意思決定を翻したくなったときには、戦略に立ち返ることで思いとどまり踏みとどまれることが多い。

新しい情報、競合環境の変化、想定外の内的・外的変化があった場合には、常に戦略を見返してみるといい。「目的」や「資源」に大きな変化を与えないのであれば、無視していい。そうすることで、組織の無用な資源の浪費を抑え、所与の「目的」の達成確率を高く維持できる。

この論拠は、時間がもっとも融通の利かない資源である、という点にある。もし、朝令暮改が時間資源の浪費を意味しないのであれば、つまり即時的に計画の変更が可能なビジネスなのであれば、この限りではない。たとえば、一部のデジタル・エージェンシーにおいては戦略を持たないのが戦略であり、常時、環境適応を繰り返すことを主眼に置いている場合もある。こういった製品・サービス分野では、環境変化が目まぐるしく、その変化が目的と資源へ甚大な影響を及ぼすのだろうと想像される。新進気鋭のデジタル・エージェンシーが戦略を持たないから我が社も持たない、というのはいささか早計かもしれない。

それは、アップルは市場調査をしないらしい、という話が報じられたときに、「だからイノベーションを旨とする我々も市場調査をせずに直感を信じよう」というマネジメントの発言を聞いて不安な気持ちにさせられたのに似ている。

❖戦略なき勝利が持つ問題点

この章では戦略の効用について議論を進めてきた。いい戦略は、所定の「資源」をもって「目的」を達成しやすくする。再現性を担保し、組織の目的意識を統一し、見えにくい問題を有意識の力をもって顕在化し、パニックを防ぎ、自損事故を防ぎ、不確実性に対する備えとなり、意思決定に固執するための合理的な後押しをしてくれる。

では、戦略がなければこれらのことは発生しないのだろうか。

発生する可能性はある。戦略がなくとも、「目的」を達成することはある。見えにくい問題を顕在化させず、多少のパニックや自損事故を起こしつつ、不確実性に翻弄されて意思決定を覆したとしても、「目的」が達成できることがある。ひょっとすると、継続的に達成することだってできるかもしれない。

歴史を紐解いたり過去を振り返ってみたりすればいくつも事例が出てくるだろう。戦略などなくても成功してきた、という幸運の人に会うこともある。これは、いままでがそうだった、またはその人物についてはそうだったというだけで、我々にとって再現性のある話ではない。「戦略なく勝利したという事例があること」は、「戦略が必要ないこと」の必要条件ではあるかもしれないが十分条件ではない。戦略なく勝利した経験は、過去の幸運の証ではあっても、戦略が必要ないことの証明には十分ではない。

戦略なき勝利についての第1の問題は、再現性を確立できないことである。幸運や強運によって「目的」が達成されたり、勝利を呼び込んだりすることはある。どうして勝てたかわからないこともある。これは、競合相手の自損事故、あるいは不測の事態が有利に転がった場合に起こる。

特に、ゼロサム・ゲームをしている市場では、ひとつのブランドの転倒は同時に他のブランドを助けることになる。次も競合が自損事故を起こすとは限らないし、幸運に恵まれるとも限らない。幸運による「目的」の達成は、確率にのみ依存している。サイコロを振って連続でゾロ目が出ることもあるが、それでは目的達成を管理できない。プロフェッショナリズムは継続的な「目的」の達成をもってよしとすべきである。再現性とは科学性であり、科学性は合理的な仕組みの理解をもって担保されるだろう。

よい戦略は、合理性と論理性で裏打ちされているものである。それが、結果的には構造的な再現性をもたらしてくれるはずだ。

第2の問題は、「目的」と「資源」の不一致が発生している可能性があることだ。事前の観察と予測が不十分だったがゆえに、目的を不必要に低く見積もったかもしれない。あるいは資源を無用に多く投入したかもしれない。言い換えれば、もっと高い目的が達成できただろうし、あるいはもっと少ない資源で達成できたかもしれない。

戦略が勝率を高める理由は、結果的に資源の投下効率を上げるからにほかならない。戦略がない状態での勝利や目的の達成は、非効率を示している可能性がある。特に、目的の達成が連続する場合にはこの可能性を疑ってみるべきであろう。

ちなみに、目的と資源のアンバランスは、市場が急速に拡大している場合にも発生する。追い風が吹いているときにはアクセル開度が控えめでも速度は維持できる。意識的に市場の追い風を使うことができれば、同じ量の資源でもさらに高い成果を出すことができるかもしれない。いわば、投下する資源にプラスの係数がかかっているようなものだからだ。でもその場合には、追い風が吹いていることを理解し、その追い風を積極的に資源として勘案したほうが効率よく風をつかまえられる。やはり、戦略はあったほうが目的達成を管理しやすい。

第3の問題は、天才性に関係するものである。世の中には、戦略思考を無意識で処理して実行のアイデアだけが出てくる天才的な人たちが存在する。決して多くはないが、間違いなくいる。こういった天才たちの問題は、部下を育てるのがあまり上手ではないことだ。本人は有能で戦績優秀なのに、優秀な後継者がいない場合には注意が必要だ。どうしてそのアイデアが出てきたか、再現性のある形で説明ができない。部下たちは、アイデアを実行することができても同じように強力なアイデアを出せるようになるわけではない。

天才の近くで働くのは楽しいものである。頻繁に成功するし、自分にも少しばかり天才性がついてきたのではないかという気持ちになることもある。残念ながら、天才性を持っているのはその天才的な上司であって自分ではないし、天才性の獲得も幻想であることが多い。天才と思われる上司と働くときには、構造や仕組みを通した理解を心掛けないと、自分の成長にはつながりにくい点に注意すること。構造や仕組みを通した理解をしていれば、その天才が天才性を喪失したときにも損害を最小限に抑えられることは覚えておいてもいい。

CHAPTER

5

戦略を組み立てる

CHAPTER
5-01

戦略を組み立てるための思考法

❖拡散的な思考法と収束的な思考法

ここまで戦略の構成要素、戦略の意義について議論を進めてきた。なぜ戦略が必要で、戦略があることでなにを期待できるのか明確になってきただろう。いよいよ、本章で戦略の組み立て方を説明していく。

ものの考え方には大きく分けて2種類ある。拡散的な思考法と収束的な思考法である。

拡散的な思考法とは、どんどんアイデアを出して、概念を膨らませていく考え方である。考え始める前よりも、選択肢や案は多くなっていく。英語ではdivergent thinkingという。divergentというのは拡散し、放射状に広がっていくイメージの形容詞である。一般的に、解決策を広く探索するときに有効だ。

拡散の度合いを高めることができればできるほど、競合や過去に対して有利になっていく。彼らが思いもつかないアイデアが出せるかもしれない。論理の出発点は決まっていても、帰結点は能力次第である。いろいろな方向に放射状に広がり、どこまでも進んでいっていい。注意点は、とりとめなく漫然と広がるような思考自体の拡散を防ぐために、広がったアイデアを常に論理的に説明しておくことだ。

一方、収束的な思考法は、アイデアを絞り込み、さまざまな基準によって取捨選択し、概念を凝縮していく考え方である。考え始める前よりも、選択肢や案は少なくなっていく。英語では、convergent thinkingという。convergentというのは、一点に集中し、収斂していくイメージの形容詞である。一般的に、解決策を確定していくときに有効だ。数学などのように、命題に対して論理的に解を求める方法でもある。

論理に基づく収束の過程では、実は競合や過去との差は出にくい。拡散した多くの選択肢の中から、最適解を求めて一点に集中していくのである。基本的には、論理的な正解がある。競争上の差が出るとしたら、間違ってその正解にたどりつけなかった場合だけである。

競合の思考がすでに正解にたどりついているとしたら、我々ができる努力は負けないようにすることだけである。つまり、最善で同点で、間違えたら負けてしまう。もちろん、彼らが間違えていることもある。その場合は有利な差をつけることができるが、相手のミス頼りになってしまう。競争優位を自分たちで管理できないのは心もとない。

❖目的や資源の再解釈には拡散、戦略の組み立てには収束

では、それぞれの思考法をどのように使えばいいのだろう。戦略を組み立てるのは、拡散的な思考法に基づくのがいいのか、それとも収束的な思考法に基づくのがいいのか。

戦略について考えるとき、戦略を組み立てていく部分に創造性が発揮されている印象を持つ方が多いかもしれない。考え方でいえば、拡散的思考法のプロセスだと捉えられがちである。この方法で効果的な戦略の組み立てができる人もいるかもしれないが、例外的である。

なぜなら、拡散していっては選択も集中もできないからである。ひとつふたつの方針に確定することも難しい。戦略を組み立てる過程というのは、慎重に選んで確定していく作業であるべきだ。最終的には、限りある資源のもっとも有効な使い方を示したいのだから、放散してしまっては戦略として用をなさない。

拡散的思考法は、むしろ「目的」の再解釈や、「資源」の再解釈において発揮されるべきものである。別の角度から、別の視点で見てみる。解釈を変えてみる。第3章で説明した、補完や相乗を想定し、代替や相殺を考える。実際の戦略の組み立てが厳密な論理によ

るものであるときに、これらの再解釈の作業は自由で創造的な視点と思考の跳躍を必要とする。

戦略の組み立てにあたっては、収束的な思考法の過程を採用するのが選択と集中を促すという戦略の本質に沿っている。拡散したアイデアを取捨選択し、論理に従って積み上げていく作業をすることになる。説明してきたように、戦略の考え方においてもっとも大きく差が出るのは戦略を構成する材料である「目的」と「資源」の用意の仕方の部分であって、戦略を組み立てる作業ではない。

❖論理的にピースを積み上げるための例題

戦略の組み立てには収束的思考法を使うが、これは論理的にそれぞれのピースを積み上げていく思考プロセスである。必要なのは論理の一貫性や思考の精緻さであって、創造性ではない。繰り返しになるが、創造性は目的の設定と資源の再解釈の際に力を発揮するものである。

4ガロンの水を量るには

戦略の論理性を説明するために、あるクイズを例に挙げよう。

ここにふたつの容器がある。ひとつは3ガロンの水が入る容器で、もうひとつは5ガロンの水が入る容器である。このふたつの容器を用いて、4ガロンの水を汲みたい。水は無限にあるが、制限時間は5分しかない。容器はこのふたつだけである。ちなみに、それぞれの容器は不定形なので、傾けても半分の量である1・5ガロンや2・5ガロンを量ることはできないとする。

では、実際に5分計ってやってみよう。

答えが出ただろうか。経験的には、実際に5分で答えが出るのは、回答者のグループにもよるけれど、10％から多くても20％程度である。ごく稀に、この時点で2種類の解答を見つける人もいる。頭の体操としてよくありそうな問題だが、あくまで戦略の例題であるから、目的と資源と戦略を考えてみよう。

ここでの「目的」はなにか。もちろん、4ガロンの水を量ることである。具体的で、測定可能で、解釈の余地はないように思える。

では「資源」はなにか。3ガロン入りの容器、5ガロン入りの容器、無制限の水と5分の時間だ。ここまでは、ほとんどの人が答えられる。

では、実際にやってみるとどうなるか。多くの場合、「3ガロンと5ガロンで4ガロンを量るために、できる限り素早く、思いつく限りの組み合わせを試してみる」という戦略を無意識に適用することになる。しかし、それは単に偶然の確率が的中するのを待つだけで、あまり理知的な解決法ではない。その的中確率が、前述の10%から20%だということなのだろう。もう5分待てば、倍の20%から40%の人が答えられるのかもしれない。しかしながら、残念なことに時間はもっとも融通の利かない資源なので、実践においてもう5分もらえることはない。

目的を再解釈する

では、どのように考えれば偶然の確率のみに依存しない戦略を見出せるのだろうか。まずは「目的」である。4ガロンの水を量れ、というのがそもそもの設問である。ここで4ガロンをどのように再解釈すれば、よりよい戦略を導くことができるだろうか。

3ガロンと5ガロンから4ガロンを導くのだから、まずこの3つの数字を比較してみる。5＞4＞3である。3ガロンの容器に4ガロンは入らない。この4ガロンの水は5ガロンの容器に入った状態になることがわかる。

さらにこの3つの数字を眺めれば、4＝3＋1であり、4＝5－1であることにも気付くだろう。4ガロンとは、3ガロンに1ガロン分を足すか、5ガロンから1ガロン分を引くことである。算数的には4＝2＋2という手もあるが、容器がふたつしかないので、2ガロンをふたつつくることはできない。4ガロンの水は5ガロンの容器にしか収まらないので、3＋1であっても、5－1であっても、この1ガロン分の水、あるいは1ガロン分の隙間はともに3ガロンの容器が担当することになる。

4ガロンの水を量れ、というのは、実は、

①3ガロン容器に1ガロンの水が入った状態か、

②3ガロン容器に1ガロン分の隙間がある状態をつくれ、つまり3ガロン容器に2ガロン入った状態をつくれ、

ということだと解釈できる。

①であれば、この1ガロンの水を5ガロンの容器に入れ、さらに3ガロンの容器で量った3ガロンの水を5ガロンの容器に移せば4ガロンになる。②であれば、5ガロンの容器に入った水を、3ガロンの容器の1ガロン分の隙間に移せば4ガロンの水が残ることになる。4ガロンの水、という目的は、3ガロンの容器に入った1ガロンあるいは2ガロンの水である。

目的の解釈に想像力が必要である、というのはこういうことだ。4ガロンを再解釈して

図表3 4ガロンの水の量り方

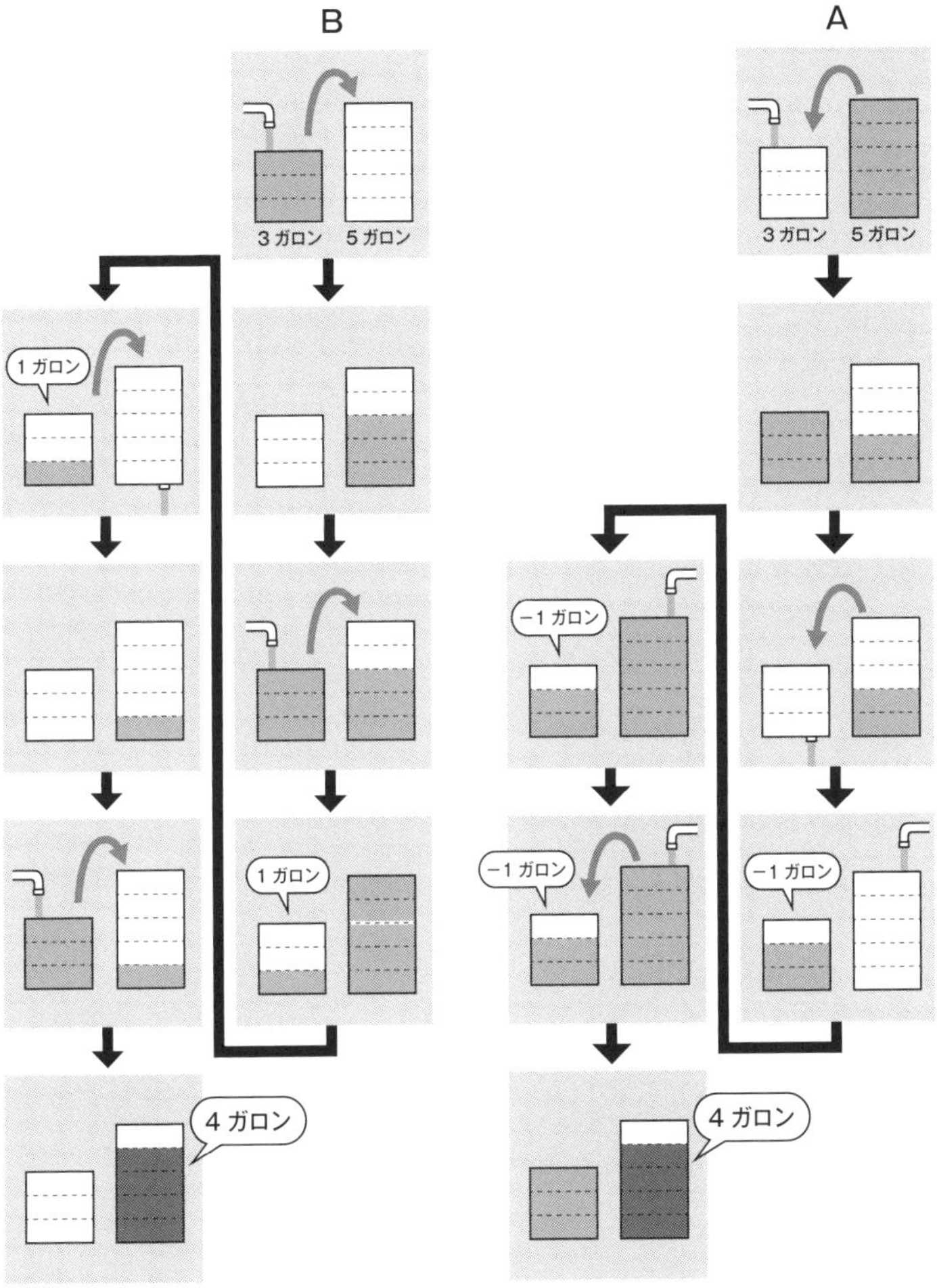

1ガロンあるいは2ガロンである、ということに気付くことで、戦略は確率と偶然に依存した状態から、理性に基づくもの、すなわち再現可能で管理可能な状態に移行させられる。

資源を再解釈する

では、「資源」はどうか。5－3＝2には、比較的簡単に気付くのではなかろうか。つまり、5ガロンの容器にいっぱいに入った水で、空の3ガロンの容器を満たすと、5ガロンの容器には2ガロンが残ることになる。目的を1ガロンか2ガロンと解釈していなければ、この5ガロンの容器に入った2ガロンに特別の意味を見出すことはできないかもしれない。

目的を4ガロンではなく、3ガロンの容器に入った2ガロンであると解釈していれば、5ガロンの容器に入った2ガロンの水には必然的に注目するだろう。

ここまでくれば、あとは簡単である。3ガロンの容器を空にし、ここに5ガロンの容器に入った2ガロンの水を移せば3ガロンの容器に「マイナス1ガロン」ができあがる。もう一度5ガロンの容器を水で満たし、3ガロンの容器の1ガロン分の隙間を使えば、5ガロンの容器には4ガロンの水が残る。（図表3のA）

あとは正確に計算するだけ

目的はふたつに解釈できていた。3ガロンの容器に入るべき水の量は、2ガロンではなく1ガロンでもいい。もちろん、このルートでも答えは出せる。その場合、資源の再解釈も必要とされる。

明示された手持ちの資源は3ガロンと5ガロンしかないが、5ガロンに目的を解釈し直した1ガロンを足すと6ガロンになる。この6ガロンは3ガロンの2回分であるという資源の解釈に気付くことができると、「4ガロン＝3ガロン容器の1ガロン」への道が開く。

3ガロンの容器で量った3ガロンの水を5ガロンの容器に移し、さらにもう一度3ガロンの容器で3ガロン量って5ガロンの残りを満たせは、6－5を再現したことになる。3ガロンの容器には1ガロンの水が残った状態だ。5ガロンの容器を空にし、3ガロンの容器にある1ガロンを5ガロンの容器に移す。さらに3ガロンの容器で3ガロンの水を量って5ガロンの容器に移せば、5ガロンの容器には4ガロンの水が入った状態になる。（図表3のB）こちらの解答のほうが、少し難易度が高いかもしれない。

このクイズでは、4ガロンの解釈が命運を分けた。解法そのものは、4ガロンを1ガロンあるいは2ガロンと解釈できた時点で、それほど難しいものではなくなる。解法を戦略と言い換えてもいい。

もっとも創造性を必要としたのは、4ガロンを1ガロンあるいは2ガロンと解釈する部分である。同時に、3ガロンを2回分で6ガロンと解釈する部分であろう。目的が1ガロンあるいは2ガロン、資源が3ガロンと5ガロンあるいはさらに6ガロンと解釈してしまえば、実際の解法、すなわち戦略は基本的には計算だけである。創造性を必要とするものではない。数学的、というか算数的な論理を使うだけのことだ。

この程度のクイズでも、目的の解釈と資源の解釈に幅を持てるのである。企業や組織で戦略を組み上げるとなると、その目的や資源の解釈にはきわめて大きな自由度が想像される。それだけ、創造性が要求されるといってもいいだろう。そして、いったん目的と資源が的確に解釈されれば、実際の戦略の組み上げに創造性は必要ない。論理的一貫性をきちんと保ち、間違えないように正確に計算するだけである。

CHAPTER 5-02

戦略の階層——上位の手段が下位の目的になる

なぜ目的と資源が有効に機能しないのか

第2章のSMACのConsistent（一貫性がある）、SMARTのRelevant（関連性がある）の項目でも説明したように、戦略には階層性があり、上位の手段が下位の目的になるという特性を持っている。この特性ゆえに、戦略の議論において目的と手段がころころと転換して、なんとなく定まらない印象を受けることがある。

優秀な高校に入学するという目的は、優秀な大学に進学するといううさらに先の目的のための手段であるかもしれない。もちろん、優秀な大学に進学するというのも、その先にあるよりよい就職先を確保する、という目的のための手段かもしれない。いい釣り道具が欲しいというのは、いい釣りをしたいという大きな目的に対する目先の目的でもある。大きな目的のための手段として、目先の目的がある。

ところが、目先の目的自体が大きな目的になってしまうこともままある。釣りが趣味だったのに、いつの間にか釣り道具の収集が趣味になることもある。趣味であれば愉しめる限りそれでよさそうだが、ビジネスではそういうわけにもいかない。当面の目的がどこに帰結するための手段であったのか、見失うべきではない。

上位概念の手段は、下位概念の目的となる。ここまで、戦略を目的と資源で説明してきているので、ここでの手段は資源と理解したほうがすっきりするかもしれない。時間をさかのぼることで、あるいは大きな概念から局地的な概念に向かうことで、目的と資源は転換していく。

各事業部や部門の目的は、より大きな組織である会社の目的を達成する資源として機能する。全社レベルの「目的」を達成する手段として、事業部や部門の「目的」が設定され、それぞれの達成が全社レベルの「目的」を達成するための「資源」になる。

事業部や部門の「目的」を達成する手段として、各部や課やチームの「目的」が設定され、それぞれの達成が事業部や部門の「目的」を達成するための「資源」になる。

そして各部や課やチームの「目的」を達成する手段として、個々のメンバーの「目的」が設定され、それぞれの達成が各部や課やチームの「目的」を達成するための「資源」になる。

今年の個人の「目的」を達成する手段として、今月の「目的」が設定され、その達成が年間の「目的」を達成するための「資源」になる。下位、短期あるいは局地的な「目的」の達成は、上位、長期あるいは全体の「目的」を達成するための「資源」である。

この連鎖がうまくつながっていないと、会社の「目的」達成に寄与しないメンバーが出てきたり、メンバーの「目的」が会社の方向性と一致していないためにモチベーションが上がらないという事態が起きたりする。会社の「資源」として機能しない成員は褒められたものではなく、これを構造的につくり出してしまうのは愚かな行為だといえる。

戦略の階層性をきちんと理解し、その「目的」と「資源」の連鎖を有効に機能させるべきである。

そのために注意すべきことは、下位あるいは目の前の「目的」が達成された場合に、それが上位あるいは先々の「目的」を達成するための「資源」となりうるかどうか、あるいは直接的に上位の「目的」と下位の「目的」が一貫しているかどうか確認することである。たとえば、全国で10％のシェアを取るという「目的」がある場合に、東京で12％、その他のエリアで9％を確保することで全国平均が10％になるのであれば、東京における12％やその他のエリアにおける9％という「目的」は全国での「目的」と一貫しているといえる。あるいは、全国で10％のシェアを取る場合に、15％の店頭露出と20％の広告露出が重要な

「資源」となる場合、15％の店頭露出は営業部門の「目的」となるだろうし、20％の広告露出は宣伝部門の「目的」となるだろう。

CHAPTER
5-03

「選択と集中」がなぜ必要になるのか

❖なぜ「選択と集中」が必要になるのか

　ほとんどの読者が選択と集中という言葉を聞いたことがあるだろう。あれもこれもやろうとしてはダメで、重要なことに集中すべきである、といった概念である。全部やる、というのはあまり優れた戦略思考に基づく方針とは言い難い。全部やれるほど資源があるなら、もっと高い目的を達成できるはずだ。

　選択と集中はすっかり有名な概念であるけれど、人間の直感や本能には反している。だから意図的に覚えておく必要があるのだ。なにごとであれ、一点に集中というのはなかなかできないものである。本能や直感に反した行動をする際には、理知的な理解があると助けになる。なぜ選択と集中をしなくてはならないのか。どこから来た概念で、戦略を組み上げるにあたってどのように考えていけばいいのか、考察していこう。「資源の数的有利」と「効果の閾値」のふたつの概念を使うと理解しやすい。

❖資源の数的有利

資源の数的有利は、『孫子の兵法』の「謀攻篇」の中でも説かれているほどに古い概念である。10倍の兵力があれば包囲し、5倍であれば攻撃し、倍であれば敵を分断した上で攻め、同数であれば戦い、少なければ退却し、力が及ばなければ隠れるべきだ、と記述されている。

数を頼むのは競争状態を有利に収束させるための鉄則である。文字どおり、多勢に無勢。数が多いほうが勝つ可能性が高いことは、否定のしようもなくわかりやすい考え方だ。

❖効果には閾値がある

では、なにに対して勝つのだろうか。

ひとつは競合である。競合企業なり組織なりに対して数的有利を確保することで、消費者の獲得なりシェアの確保なりをしやすくする。競合がどれほどの資源量を固めてくるのか、事前に正確にわかるわけではない以上、相応の資源をまとめておいたほうが競合上有利になりやすい。

もうひとつは、効果の閾値である。閾値とは、なにがしかの効果を発揮させるために必要な最小量の刺激のことを指す。自然界では入力（インプット）に対する出力（アウトプット）が１：１の関係で上昇するわけではないことが多い。ある点を超えると急に効果が高まったり、ある一点を超えない限り効果が見えなかったりということがある。

たとえば、薬の投与量は、薬剤が効果的に閾値を超える量を設定しているはずだ。多くの場合、指定された半分量で半分の効果が出る、というものではない。

入力に対する出力の比率は、ここでは労力に対する効果の比率と考えてもいい。１００の努力に対して、常に１００の効果があるわけではない。30の効果しか出ない分野もあれば、１２０の効果がある分野もある。１００の努力に対して30の効果しか出ない分野でも、倍の２００の努力を投入することで、倍の60ではなく３００の効果をもたらすことがある。投入する労力が１００から２００に上がる間に効果が急速に跳ね上がるような関係がある場合にはこうなる。

大きな岩を動かすのに、２人でも3人でも無理なときに、４人目で動かせた、というのも閾値の概念のわかりやすい例だ。４人目で閾値を超えたから動いたのだ。５０００万円ではほとんど効果の見られなかった広告でも、1億円をかけた途端に消費者が動き出した、という場合も、閾値が５０００万円と1億円の間のどこかにあったのだろう。

この閾値がどこにあるかわかっている場合は、閾値を超えるように労力すなわち資源を投入すればいい。

ところが、環境は変化しているし、資源の投下対象も変化しているので、一般論としてのガイドラインがあったとしても、個々の事例についての実際の閾値は判然としないこともある。閾値を超えないと投下した資源が効果を発揮しないのであれば、ある程度の塊として資源を投下することは、閾値を超えるためには重要である。

❖質を高めることで量を抑えることができる

余談ではあるけれど、ここで、質か、量かということを考えてみよう。

質と量は、必ずしも二者択一で互いに対立しているような概念ではない。たとえば、質の高い100人の兵隊で質の低い300人の兵隊と同じ戦力として運用できるという場合。質の高い100人は質の低い300人分の働きをするのだから、資源の効用は3倍である。質は量に対して係数の働きをしている。

マーケティングにおいても同様に考えることができる。質の高い広告は質の低い広告よりも効果が高い。総放映量に対して係数の働きをする。質の高い1億円の広告投下は、質の低い3億円分の広告投下に匹敵することもあるだろう。

資源の質を高めることで、その量を抑えることができる。同じ量であれば、より大きい効果を期待できる。質を量に対する係数と考えることで、資源をいつでも量的に解釈することができる。重要なのは量であり、質は最終的な効用の量を決める係数である。

ブランド・マーケティングに適用する場合の注意点としては、極度に質の低い資源はむしろ弊害をもたらす可能性があることだ。ブランドが目指すものと一致しない低品質のコミュニケーションは、ブランドが確立しようとしている意味を乱すことがある。つまり、ブランドの価値が下がってしまう。その場合の係数はマイナスになる。それがテレビ広告であれば、放映すればするほどブランドに悪影響を及ぼす。この意味では、最低限の質の確保はきわめて重要である。暴発するような兵器を使うと、味方に害を及ぼすことになるのだ。たくさんあれば、被害は拡大してしまうだろう。

❖局地戦で数的有利をつくり出す

クラウゼヴィッツは『戦争論』の中で、絶対量としての戦力、すなわち資源が競合相手よりも少ないのであれば、局地的な状況において数的有利をつくり出せばよいと説いている。たとえ敵が味方の1万人に対して5倍の5万人の兵を集めていても、敵の3000人に味方の1万人であたることができれば、局地的な展開において兵力差は3倍以上になる。これが局地的な数的有利である。

局地的というのは、限られた一定の地域や区域、といった意味である。戦争であれば、谷間の隘路といった地理的に狭い場所に陣取ることで、敵は大兵力を用いたとしても有効に活用しきれない。

幅が500メートルしかない谷間に5万人を集めても、正面に展開できる兵士は1000人にも満たない。大多数の兵隊は自分の前に何列もの兵士の列を見ることになるわけで、攻撃に直接参加することができない。こういった都合のいい要衝があれば、5000人で5万人を食い止めることもできるかもしれない。

この谷間の、双方が対峙する正面部分は、実際には1000人対1000人という規模であり、1000人を超えた部分は、それが5000人であれ4万5000人であれ、戦況に直接的な影響を与えないからである。もちろん、長期にわたれば疲労などの問題も発生する。質的優勢だけで勝利するほど単純ではないかもしれないが、平地の5000人が5万人と激突する場合とは様相が違うことは理解できるだろう。

ビジネスやマーケティングにおいても、この「局地」というのは存在する。巨大な営業組織、マーケティング予算、生産能力や原材料調達能力が役に立たない、あるいはむしろ障害になるような分野のことである。

多品種少量生産は、一般的に大規模な生産設備やグローバル規模の原材料調達システムには向かない。10億円のマーケティング予算をウェブに高効率で投下するのは、テレビの広告に10億円投下するほど簡単ではないかもしれない。ウェブが中心的なコミュニケーションなのであれば、10億円は大きすぎる資源となる可能性がある。同時に、ウェブが中心の場合、マーケティング予算が5000万円しかないことは大きな不利益にならないかもしれない。

過ぎたるは及ばざるがごとし、という表現があるが、まさしくこれである。競合の過ぎたるは及ばざる、となる局面を探し、そこに我々の資源を集中する。こうすることで、全体で見れば圧倒的に少数の資源であったとしても、局地的な数的有利をつくり出すことは可能だ。

局地的な数的有利は、地形や状況やチャネルに限った話ではない。時間軸に沿ったものであってもいい。年間のマーケティング総予算が12億円のブランドと4億円のブランドではその差が実に3倍もある。もし12億円が毎月1億円ずつ割り振られているときに、4億円のうちの3億円がある月に集中していれば、その月に限れば逆に3倍の予算を持つことができる。その1カ月の圧倒的優勢を意義深く利用できるのであれば、局地的な数的有利を確立したことになるだろう。これは、ジャイアント・キリング、すなわち巨人を倒す上で役に立つ方法でもある。

❖泥に足をとられる巨人

資源が少ないときに考えるべきは、少数資源が不利にならないことだけではない。むしろ、少数資源であることが有利に働くような状況をつくることも重要である。たとえば、ぬかるんで足場の悪いところに巨人を連れ出すようなことである。自重で、巨人が身動きをとりにくくなるように仕向ければいい。

大量生産用の生産設備は、場合によってはこういった弊害を伴うことがある。特定の製品を大量に生産することに特化した設備であると、新技術の導入に前向きになりにくい。大量生産を前提とした自社工場を持っていると、既存品の生産量を落としたくないという動機も働く。新技術を持つ新興の企業に前世代の大企業がシェアを奪われるような場合には、この作用が働いていることがある。

この定石を知っていれば、巨人の側もむざむざと不利な状況に立ち入らずに済んだり、不利な状況が発生するのを防いだりすることも可能だろう。数的有利を前面に出せる局面に執着すべきだ。業界や技術の避け難い進化というのはあるが、対応を間違えない方法、最低でも時間をうまく稼ぐ方法もあるはずだ。

❖戦略立案者の手腕の見せ所

チャネル、時間軸に加えて、製品分野も局地的な有利をもたらす概念になりうる。そのブランドがラインナップ内に複数の製品分野を持っていて、有限の資源を割り振らなければならないといった場合、総資源量が同量であれば製品分野数が少ないほうが製品分野ごとの投下資源は大きくなる。分母である製品分野数と分子である資源量のバランス次第で、むしろ総資源量が小さくても、製品分野によっては局地的に数的有利を確保できるといったこともありうるだろう。

反対に、製品分野数の多い側は、それぞれの製品分野間の相乗効果を高めるような動き方をすれば、分母を製品分野数で割らずに済む。製品分野数の少ない競合に局地戦をさせないことになるから都合がいい。

分子は常に総資源量であるかもしれないが、分母をどのように解釈するか、というのは戦略立案者の裁量だといってもいい。どのように局地的な数的有利を実現させるか、というのは高い集中をもたらす戦略を組み上げるにあたって手腕の見せ所である。

もちろん、圧倒的な資源を用意できるというのもきわめて重要な能力である。第3章で議論したように、再解釈によって資源の総量は変えられる。同時に、分母の規定がうまくいけば負け戦を転覆させられるかもしれない。目的や資源の創造的な再解釈に並び、分母の規定は戦略立案や指揮をする上で、もっとも創造的でダイナミックな側面だといえる。

CHAPTER 5-04

「選択と集中」を説明する概念

「ランチェスターの法則」に学ぶ重要性

ランチェスターの法則というのは、フレデリック・ランチェスターというイギリスのエンジニアによってまとめられた法則である。第一次世界大戦の航空戦を分析することで生まれた。第1の法則、第2の法則がある。

第1の法則は古典的な戦闘、たとえば刀剣や小銃、拳銃による戦闘を想定している。基本的には近接戦闘で、1人の戦闘員は1人の敵と相対するのが前提となる。この場合、10人対6人の戦闘では、10人の側が有利になることを示している。双方の戦闘員が人数分だけ相殺される場合、10人いる側は6人を喪失してもまだ4人残る、という考え方で、一般的に想像も理解もしやすい。孫子の時代の戦闘も同様の前提に立っている。10倍の戦力であれば包囲し、というときには基本的には人数を指している。

対して、第2の法則は機関銃など、1対複数が実現される火器、つまり資源が形成されたときの概念である。この場合、10対6はそのまま10対6ではなく、兵力差は2乗比で捉えられるべきだと説明される。10対6は10の2乗対6の2乗、すなわち100対36となる。その差は10対6の場合よりも、数的有利を確保した側に格段に有利になる。

第1の法則をマーケティングに転用すると、どのような場合が考えられるだろうか。たとえば、営業担当者が店舗の1軒1軒を訪問するような場合がこれにあたる。あるいは、商品説明のチラシを1枚1枚配布するような場合もそうだ。

多くの店舗に同時に影響を与えようとすれば、営業担当者を増やす必要がある。チラシをたくさん配ろうとすれば、人員もチラシも増やさなければならない。効果を高めようとすると、その分だけ投入する労力、すなわち人員も増やさなくてはならない。

マスメディアの浸透と、流通の統合によって、ビジネスやマーケティングの現場では第2の法則の適用範囲が広がったと考えられる。デジタルの進展も同様である。1回のマス広告で到達することのできる総消費者数が増えたり、1回の商談で複数店舗での採用が決定されたりするからである。

チラシを配布するのであれば、所定の到達数を倍にするためにはチラシ数や配達員の仕事量も倍にする必要がある。対して、マス広告で到達数を倍にする際には、購入メディア量を倍にすればいいのであって、担当者の仕事量を倍にする必要はない。各店舗が独立した状態でいるのではなく、チェーンストアとなり、本部の管理能力が大きくなるにしたがって本部での1度の商談の影響力も大きくなった。配荷店舗数を倍にするための営業担当者たちが担う総仕事量は単純に倍増するものではなくなった。

マスメディアを利用し、店舗がチェーン化されてきたことによって、ビジネスやマーケティングでも第2法則、二乗比の法則を適用する状況が整ったといえるだろう。

第2法則の影響下にある事象において、集中することがいかに大事か観察してみよう。

ここに第2法則の影響下にある100の資源があるとする。100単位のマーケティング予算でもいいし、100単位のメディア量でもいい。同時に、競合相手も同量の100単位の資源を保有しているとする。こちら側は100の資源を2分割して50+50として運用し、相手側は100の資源をそのまま100として運用すると仮定する。こちら側は最初に50の資源をもって100に対峙し、次に残りの50をもって競合の残された資源と対峙するわけである。

最初の運用では、50対100になる。第2法則、つまり2乗比の法則を適用すると、これは2500対10000である。2500ずつ相殺すると、0対7500になる。残された資源は50対$\sqrt{7500}$≒87である。つまり、こちらは50の資源を失い、競合は13

図表4 ランチェスターの法則（第2の法則）に基づく資源運用

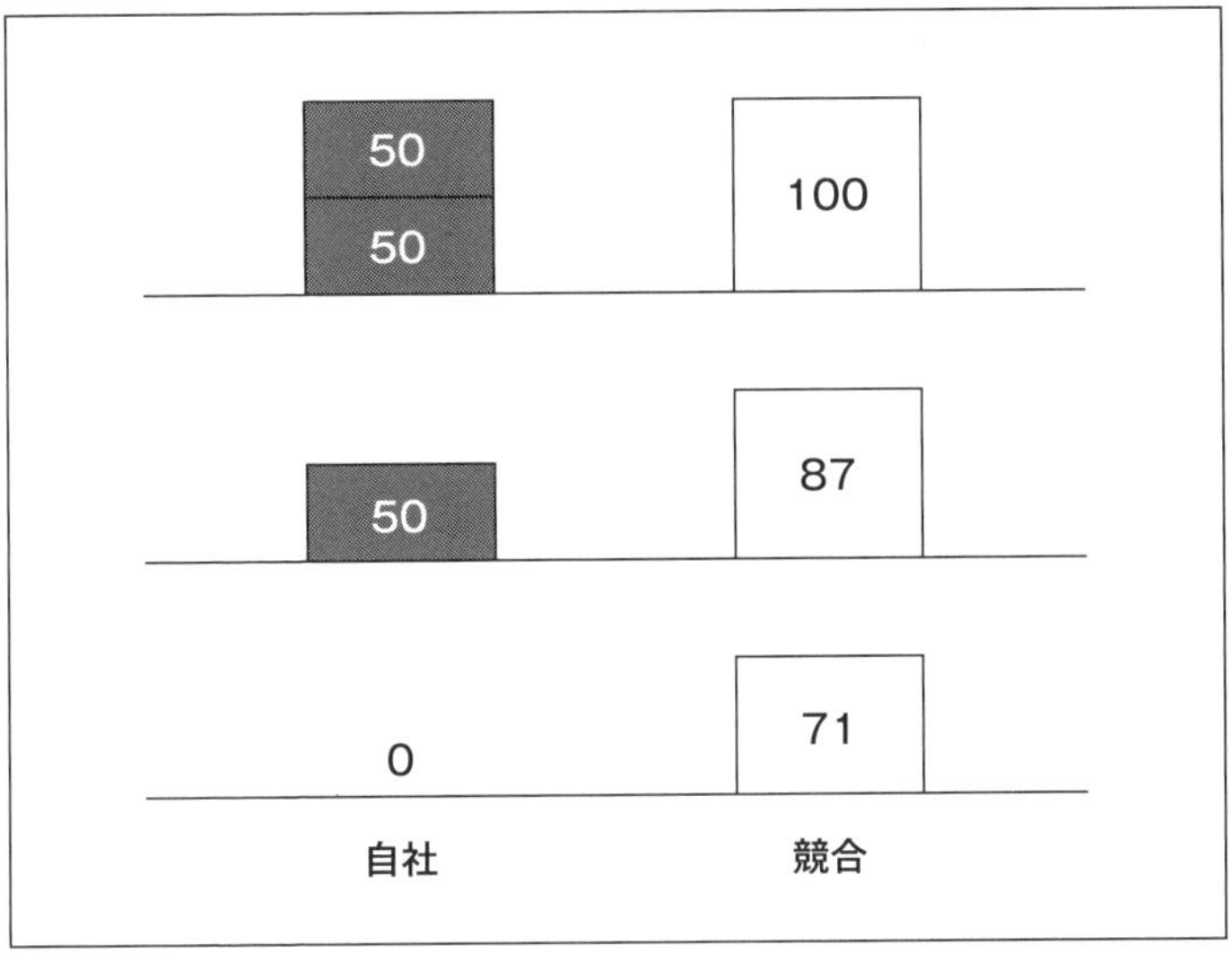

の資源を失うことになる。次に残りの50を競合の87に当てる。ここでも2乗比を適用して、２５００対７５００となり、相殺すると０対５０００に帰着する。最後に残された資源は０対$\sqrt{5000}$≒71ということになる。

　もともと保有していた資源は１００対１００であったにもかかわらず、こちら側が資源を分割し、逐次投入したために、最後にはこちらに資源は残らず、競合には７割もの資源が残ることになる。

　ランチェスターが想定したのは相対するふたつの行動主体の闘争だが、２乗の効果が及ぶのが、必ずしも行動主体である競合相手である必要はない。マーケティング上のコミュニケーションを受け付けにくい消費者や、なかなか話を聞いてもらえない取引先は、直接的な競合ではないものの、先の例で出てきた競争相手と概念的には同様のものといえるだろう。１００の資源の投入をもってはじめて納得してもらえる対象、と言い換えると理解しやすいかもしれない。分割してしまうと、こちらの資源を使い尽くしても30％程度しか理解してもらえない、という事態に直面することになる。

ランチェスターの第2法則、あるいは2乗比の法則は、『孫子の兵法』の「謀攻篇」に加えて、集中の大切さや戦力の逐次投入が望ましくないことの論理的な説明として有用である。やはり、集中すべきであるし、資源の逐次投入はよくないのだ。

❖「パレートの法則」に学ぶ重要性

パレートの法則はイタリアの経済学者、ヴィルフレド・パレートによって提唱された富の偏在性に基づく法則である。80：20の法則としても知られている。総インプットのうちの20％が総アウトプットの80％を占める、というものである。選択と集中の理論的な説明に使われることも少なくない。

たとえば、ある都市において20％の資産家がその都市の80％の資産を保有しているといった例が挙げられる。これは必ずしも富の偏在性についてのみ適用可能な概念ではない。

20％の単語で80％の文章を理解できたり、テレビのリモコンのボタンのうち80％の用途は20％のボタンでまかなうことができたり、ダウンロードしたアプリの20％で80％の使用時間を費やしていたり、売上の80％が20％の顧客によって構成されていたりなど、枚挙にいとまがない。

また、この20％と80％という関係に関していえば、必ずしも足して100％になる必要はないし、20％や80％に具体的で特別な意味があるというわけでもない。インプットとアウトプットの関係が1：1ではなく、大きく偏りがあることを印象的に表現したものである。

重要なのは、80％あるいは大多数の結果に影響を与える20％あるいは少量の資源、労力、すなわちインプットがあるのだという理解である。

100％の結果を得ようとすれば、100％の入力をしなくてはならない。とはいえ、常に100％の結果を出せるわけではないのだとしたら、もっとも大きく結果に影響する20％分を最重要部分とし、そこに資源を優先的に投下するのは正しいことである。

このパレートの法則から、20％の原因が80％の結果に影響を与えるのだとしたら、残りは無視してよろしい、という結論を出すことがある。その場合、20％分の成果はあきらめ

図表5 パレートの法則に基づく資源運用

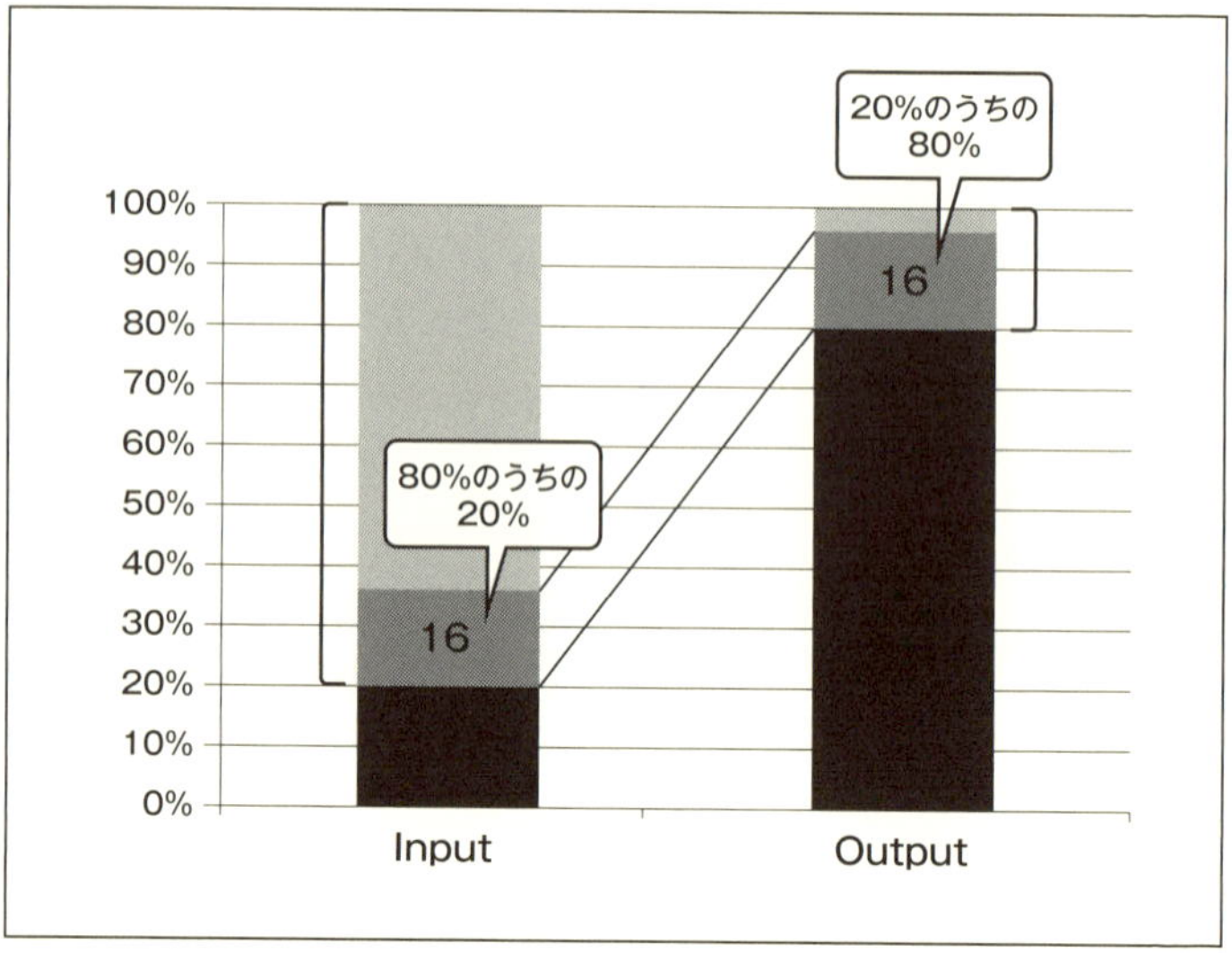

ることになる。全力を出し切ってギリギリ達成できるようなレベルで目的を設定された場合や、競合と実力が拮抗して鍔迫り合いが激しい場合には、80％の結果では不十分かもしれない。

厳密な数学概念を適用したものではないが、最初の20％に追加してもう少しインプットを増やしたと仮定してみる。インプットとして残った80％のうちの20％は16％である。同時に、アウトプットとして残った20％のうちの80％も16％である。

100％のインプットに対して100％のアウトプットであるとき、この16％ずつというのは意義がある。この段階では、最初の20％ほど高効率ではないにせよ、インプットとアウトプットが等価になっている。つまり、努力は劣化していない。20％＋16％で合計36％のインプットに対して、80％＋16％で合計96％のアウトプットということになる。

先述したように、20％とか80％というのは厳密に20％と80％に意味があるわけでもないが、同様の計算は別の数値でも可能である。インプットとアウトプットが釣り合う状況が想定されるのであれば、その段階までは資源の投入を続けたとしても投下効率は劣化しない。パレートの法則に基づく資源運用については、一般的に考えるよりも1段階深めてもいいかもしれない。

CHAPTER 5-05

「選択と集中」を妨げる概念

❖選択と集中を妨げるふたつの概念

選択と集中を説明する概念として『孫子の兵法』に加えて、ランチェスターの法則とパレートの法則を紹介した。次に、往々にして選択と集中を妨げるふたつの問題を提示しよう。ひとつは「両手パンチ症候群」、もうひとつは「全力攻撃症候群」である。

❖両手パンチ症候群

マーケティング・プランAが昨年対比でプラス10％の売上増という成果を得たとする。また別の事例では、マーケティング・プランBが昨年対比でプラス8％の売上増をもたらしたとする。では、マーケティング・プランAとBを同時に実行すれば、昨年対比プラス18％の売上増につながるものだろうか。

マーケティング・プランとして考えると、ありそうにも思える。実際、こう考えるマネジャーはよくいる。

では、右のパンチが60キロ、左のパンチが40キロのとき、両手パンチは100キロになるものだろうか。パンチであれば無理であるだろうと容易に想像できる。身体という資源の有限性が自明だからである。右のパンチは右手だけで打つのではなく、全身を使って放って60キロなのである。両手でパンチを打ってしまっては、右手は60キロも出ないし、左手も40キロには遠く及ばない。

マーケティング・プランにおける両手パンチ、つまりマーケティング・プランAとマーケティング・プランBの同時施行は、両手パンチと同様の結果に終わることもある。合計18%の効果を期待しながら、資源を想定以上に分割しなくてはならなかったり、消耗が激しかったり、AとBが相殺してしまったり、あるいは過負荷により実行効率が落ちたりして、マーケティング・プランAの単独施行よりも小さな効果しか得られないことがある。

ビジネスやマーケティングにおける両手パンチが功を奏する可能性もあるが、資源の効率的な投下が本当に可能であるかどうかは事前によく確かめておくべきである。プランAとプランBの双方の実行にかかわる資源、あるいは部署が両プランを同時に実行できるだけの容量を持っているかどうか、確認するといい。

ある。

❖全力攻撃症候群

「Blow all the guns at once.（全部の銃を一斉にぶっ放せ）」という指示をされたことがある。

テレビ広告、新聞広告、インターネット広告、店頭サンプリング、リクエスト・サンプリング、増量パック、一時的な値下げ、とにかく考えつく限りのすべてのマーケティング・プランを一斉に実行せよ、というものだった。戦艦が搭載するすべての艦載砲を一斉に撃つように、きわめて派手な様相を呈する。マーケティング担当者やマネジメントにとって、アドレナリンが溢れるような興奮をもたらすことにもなる。

実際、重要な新商品導入時期や決定的な回復策が必要な場合には、こういった複数プランの同時実行がなされることはよくある。このような場合には、両手パンチ症候群で議論したような資源の問題は解決されているかもしれない。重要な新商品導入時期であれば、資源はそれなりに用意されるだろう。

では、問題はなにか。

最大の問題は、どのプランが機能したのかわからなくなることである。消費者に認知経路や購入理由を聞くという手もあるが、消費者が正確に覚えていて確実に答えられるとも限らない。どのプランがどの程度に機能したのかがわからないと、プランの強化も改善もうまくできない。大きなプランの実施は、組織や会社が経験値や知識を蓄積するいい機会でもある。どのプランが機能し、どのプランが阻害したのか判別できなければ、せっかくの学習機会を有効に生かせなくなる。

そのためには、どのプランがどれだけ機能したか、消費者の反応の種類やタイミングを観察することで判断できるような体制を事前に用意しておくといい。ネットを介したコミュニケーションを多用していれば、デジタル技術がこの観察を可能にしてくれるはずだ。そうでなくても、消費者パネルや定点観測的な市場調査をすることで、必要な学習を得ることはできるだろう。重要なのは、プランの改善・強化のために必要なことを学べる仕組みをつくっておくことだ。

もうひとつの問題は、各プランの効率的な統合が必要になることである。複数プランを効果的・効率的に統合する能力や準備の時間などの資源を投入できることを確認しておくべきだろう。プランA、プランBを単独で計画するよりも時間と労力がかかることが多い。

CHAPTER
5-06

複数の視点を獲得する

❖違うものを視る、違うように視る

戦略の要諦は違うことをするか、違うようにするかである、と説明されることがある。大きな目的を達成しようと戦略を組み上げるときには、いかに競合あるいは過去とは違うことをするか、もしも同じことをするのであれば、いかに違うようにするか、が重要である。英語で、Doing different things or doing things differently. という。これは、敬愛する上司がよくいっていたことである。

ゲイリー・ハメルとC・K・プラハラードの『コア・コンピタンス経営』の中の「違う存在になるためには、企業はまず違うように考えなければならない」という記述と一貫性があるようだ。「違うように」だけでなく、「違うこと」も考えられればさらに役に立つだろう。

この考え方は、差別化の重要性に立脚したブランド・マネジメントの延長線上にあるようだけれど、旧来と一線を画す目的の達成を考えたとき、戦略についてとても重要な考え方を示唆している。「同じことをし続けて違う結果を期待するのは馬鹿げている」という有名なフレーズもある。違う結果を得るためには同じことをしていてはダメだといっているのだ。これは、合理的に戦略を考える上で必要な着目点である。

では、違うことをする、あるいは同じことでも違うようにするためにはどうしたらいいだろうか。「する」前に「考える」のである。革新的な成果を得るにあたって、誰しも、いたずらに同じことを同じようにやり続けたいわけではない。どうすれば違うことを、あるいは違うやり方を「考えられる」のかよくわかっていないということなのだろう。

戦略の組み立てや実行は反射的な行動ではなく、意識的な行動であり作業である。つまり、行動の前には思考や考察が必要だ。世の中を見渡せば、さしたる考察も感じられない、条件反射的な戦略立案もある。競合が新商品を出したから我々も同様のものを出す、新商品の売れ行きがよくないから値段を下げる、などはよく見られる。これらの行動は定石ともいえるもので必ずしも間違いではないが、条件反射的な戦略では、違うことをしたり違うようにしたりできるものではない。

違うことをしたり違うようにしたりするためには、違うことを考えるか違うように考えなければ始まらない。競合と、あるいは過去と違うことを考える。よしんば同じことを考えるのであっても、違うように考える。

行動は目に見えるが、思考は目に見えないのでなにをもって「違う」考え、あるいは考え方とするのか、という哲学的な袋小路に陥ることがあるかもしれない。商品のパッケージの色を濃い黄色から薄い黄色にすることは、消費者からすれば気付かない程度の違いかもしれない。だが、少なくとも行動として目に見える分だけ、直感的に理解できるし判断の俎上には載りやすい。

対して、違うことを考える、違うように考えるというのは直感的にわかりにくいこともある。特に、概念的に考えることを忌避する人たちには難しいことである。「考えることを考える」という哲学的な問題に深く立ち入らずに、「違うことを考える」、あるいは「違うように考える」を実現するにはどうすればいいか。

考えるというのはそもそも、新たに入力された情報や以前から記憶に備わっている情報を組み合わせていく作業である。ということは、違うことを考える、違うように考えるためには、違う情報、違う前提が入ってくればいい。同じ脳みそでも、自然に違うことを違うように考えられる。

第3章で資源の代替を考える際、「もし現在想定されている資源が入手不可能になったらどうしよう」と考えてみた。この質問をすることによって、同じ脳から違う考えが出てくることがわかった。質問によって前提となる条件が変えられ、違う情報が入ってきたので、思考の組み立ても違ってきたのである。仮定、仮説を変えてみることで、考えの前提条件を変えられる。こうすることで、違うことを考えたり違うように考えたりすることができる。

そのためには、違うものを見る、あるいは違うように見ることが重要になってくる。厳密にいえば、同じものや状況を見るのであっても、その視点をどこに置くか、どの点に着目するかによって「視える」ものは違ってくるはずだ。競合や過去とは違う視点で観察することで、違うものが視えたり、違うように視えたりする。違うものが視えれば、視えたものが考えの材料になるのであるから、出てくる考えも違ったものになる。

視点のことを英語でＰＯＶ、すなわちPoint of viewという。ViewするPointであるから、日本語の視点という単語に近い。日本語にはさらに視座とか視野といった似た単語がある。

正確を期するのであれば、視座はどの立場で見ているかを示し、視野は観察や思考がカバーする範囲を示していることが多い。本書では、概念を増やして混乱することを避けるために視点と一括りにする。いずれにしても、なにを視るか、を細分化したものに過ぎない。漠然と「見る」のではなく、意識的にいろいろな角度から注意深く「視る」のである。

❖POV獲得の技術

では、複数の視点（ＰＯＶ）を獲得するにはどうしたらいいのだろうか。

そのために、①フィルターをかける、②借りる、③想像する、④概念化し一般化する、という4つの有効な手段がある。これらは、無意識のうちに自分にかかっているバイアスを、意識的に無効化する技術である。

❖【技術1】フィルターをかける

漠然と見ているものの中から、注視すべきものを識別できれば複数の視点を持つことができる。意識的にフィルターをかけて眺めてみれば、見えるものは変わってくる。大きく分けて、①他の学問領域を適用する、②時間軸を変える、③変数を探して変化させる、の3つのやり方がある。

①他の学問領域を適用する

多くの学問分野はそれぞれの専門性に基づいた視点を提供してくれる。洋の東西を問わず、古代において雷は神と結び付けられることが多かった。ギリシャ神話のゼウス、ローマ神話のジュピター、北欧神話のトール、バラモン教のインドラ、中国の雷公などはすべて雷と関連付けられている。雷は神の発現であり、ときに怒りであった。

1752年にベンジャミン・フランクリンが凧揚げ実験をし、雷は自然現象で、雷雲に蓄積された静電気の放電であることが明らかになった。いま我々は小学校の理科でこのことを学習する。小学校の理科というフレーム、つまり学問領域の視点があるだけで、雷は神の発現ではなく静電気の放電であるという見方が可能になる。

さまざまな分野のフレームを適用することで、世の中は違って見えてくる。同じものを見ていても、視え方は変わる。

視点の広さについて、よくする質問に次のようなものがある。

ある晴れた週末の午後、あなたは誰かとランチに出かけた。天気もいいので、陽のあたる窓際のテーブルにつくことにした。淡いベージュの、シンプルだが汚れのないきれいなテーブルクロスがかかっている。一輪挿しに季節の花が生けてある。本日のパスタ・ランチがテーブルに用意された。週末なので、グラスの赤ワインも頼んだ。その脇にグラスに入った水がある。

グラスに入った水、とすればこれは水である。水の入ったグラスとすると、これはグラスである。これだけでも、2種類の視点あるいは抽象化の方向性がある。この状況でほかになにが見えるだろうか。そして、一般的に見えにくいものはなんだろうか。

口に残った後味を消すための口直しである、陽の光を受けてキラキラと光る卓上のオブジェである、食べ物をこぼしたときにハンカチを湿らせて拭き取ることに使える洗浄剤である、タバコをちゃんと消す消火剤である、会話の間を保つための小道具である、脇の花をこのグラスに移せば花瓶である、などがよく出てくる。

飲み干すか、意図的にこぼしてしまうことで給仕と会話するきっかけになる、というユニークなものも出てくることがある。

特段、正解があるわけではないが、きわめて出てきにくいのは、これだけ無料である、という解釈だ。ランチもワインも有料である。パンやライスのおかわりが無料であることもあるけれど、水は特別に注文しない限り、通常は無料である。

なんだ、そんなことか。そんなことである。視点は、基本的には見えていることをどう視るかということなので、いわれてみればすぐに理解できることが多い。

なかにはある種のだまし絵のように、見ていながらなかなか視えないものもあるが、例外的だといっていい。視えるかどうかは、多くの場合、知性の問題ではない。この質問は数百人に問うてきたが、「無料」が視えるのは100人に1人程度の存在率である。同時に、「無料」と聞いて理解できない人は1人もいない。

だからなんなんだ、といわれる方もいるだろう。たかだか水の話である。が、無料であることが視えれば、ビジネスの仕方は変わる。無料の水の代わりに無料のビールを提供することが考えられるかもしれない。有料の水にすることも考えうる。

視点が変わることで、考えることも変わる。たかだか水ですら、このように多くの解釈がありうる。ビジネスの状況ともなると、視え方による情報量の差は甚大であるだろう。

すでにお気付きかもしれないが、この質問は意図的に視覚バイアスをかけるようにつくられている。説明には視覚情報をふんだんに取り入れてある。天気、窓、テーブルクロス、一輪挿し、パスタ・ランチ、赤ワイン。これらの情報は、脳の中で逐一映像化されていく。そこで水の解釈を聞かれると、この視覚化された情報を脳の中で再現しながら答えることになる。必然、視覚という知覚情報に偏った解釈をしてしまう。無料がなかなか出てこない理由だ。

この状況に「会計（学）」のフレームを当てはめてみると、この水の部分は費用がかかっていながら直接的な売上をもたらさないことがすぐにわかる。通常の視覚情報だけでは、100人に1人しか気付けないが、会計のフレーム越しに見れば、多くの人に視える。

フレームは「理科」や「会計学」といった学問分野や専門分野のものにこだわる必要はない。たとえば、「温度」のフレームを当ててみると、このグラスだけ冷たいかもしれない。

②時間軸を変える

茂った樹の中に小鳥が1羽とまっている。この小鳥がジッとしていると見つけられないが、動いた瞬間に目にとまるということがある。動かないものは見つけにくいが、動いているとわかりやすくなることがある。スナップショットの写真でも理解できることは多いが、動画のほうが圧倒的に情報量は多い。変化にはヒントが多いのである。

物事をよりよく視るためには、時間を動かしてみるのはひとつの方法だ。先ほどの水の例でいえば、3分後、30分後、3時間後、3日後、3週間後、3年後などと時間を早回ししてみる。グラスの水は変化していくに違いない。氷が入っていれば溶けていくだろうし、微量のミネラルが汚れのようにグラスに残るかもしれないが、いずれ蒸発するだろう。テーブルの上にあるもので、同様に蒸発するものはいくつくらいあるだろう。赤ワインも蒸発するが、水ほどきれいではないかもしれない。

思考実験であるから、時間を逆に進めることも可能だ。3分前、3時間前、3週間前というように時間を巻き戻してみる。水は変化するだろうか。グラスはウェイターに渡り、キッチンに戻り、水は蛇口に吸い上げられていくだろう。その先は水道管の中だ。浄水場を抜けてダムへ。ダムから雨となって空に吸い込まれていく。浄化のプロセスは経ているものの、きわめて自然のまま調理されずに食卓に供されているという解釈もできるかもしれない。

この方法は、商品のように物体として存在するものを見直す場合にはそのまま適用できる。

たとえば洗剤であれば、店頭で購入した消費者が家に持ち帰り、洗濯機の近くにしまっておいて、洗濯のたびに使用し、使い終わり、捨て、ごみとなったパッケージが焼却場に運ばれる。家庭によるけれど、おおむね1カ月弱の時間に相当する。

家でしまっているとき、取り出すとき、捨てるときなどを想像することで、商品を漫然と見ているだけでは気付かなかったことが視えてくるのではないだろうか。

時間の流れを意識することは、現在のビジネスの状況といった概念的なものについても有効である。

現在のシェアが10％であるとき、来週、3カ月後、3年後、あるいは逆に先週、3カ月前、3年前を想像することで、違う現在が視えてくるかもしれない。

時間の流れを適用してみることで、目の前にある静止画としての現実からは視えにくいものが可視化されることがある。

③変数を探して変化させる

スナップショットの現実を動画化する変数は時間だけではない。数値で表現でき、それが大きくなったり小さくなったりするものが変数になる。見ているものの中に、数値化でき、かつ変数となりそうなものがあったら、上げたり下げたりしてみることで、動きが出る。動きの中で、静止画では見えなかったものが視えるようになるかもしれない。時間の流れを変える方法の上級編として覚えておくといい。

❖【技術2】借りる

他者の視点を借りるのは、別の視方を獲得する手っ取り早い手段となるだろう。ここでも具体的な方法を3つ示しておく。①コピーをつくる、②未来あるいは過去の自分、そして、③競合の視点、である。

①コピーをつくる

現在のあるいは過去の上司の考え方やモノの見方のコピーをつくっておくと、彼らの視点から世の中を眺めることができる。彼ならどう考えるだろうか、彼女ならどうするだろうか。自分が精いっぱいの知恵を絞って組み立てた企画や計画について、どのようなコメントをするだろう。

このプランをつくったのと同じ自分の頭脳でありながら、彼らの視点を通して見直すことで、大事な見落としや違う考え方に気付くことがある。コピーをつくるのは上司に限った話ではなく、同僚や部下、取引先でもいい。それぞれの人生や経験を経たモノの見方があるはずである。

精緻なコピーをつくっておくのは、いつでも彼らに相談できるようなものだ。1人の上司のコピーをつくることで、視点は単純に倍になる。2人のコピーを持っておけば視点は3倍である。専門性や経験値の違いで複数の上司のコピーを持つことは視点を増やす上でもっとも簡単で、かつ持続的に広い洞察を提供してくれる。

このためには、日々の接触や会議において、彼らがどのように情報の摂取や処理をしているのか、いつもなにを気にしているのか、などに注意を払っておくといい。それぞれの接触での観察が、コピーをより正確で精度の高いものにしてくれるだろう。彼らが提案や新しい情報に接したときになにをいうのか事前に想像しておくことで、コピーの精度の検証もできる。

一般的には、半年もすれば初期段階のコピーをつくることができる。2、3年も一緒に働けば、かなりの精度のコピーができあがる。これらのコピーは、使おうと思えば一生使える。必要なときに、適切な人のコピーを使って事物を観察したり考えたりすることで、常に複数の視点でモノを視たり考えたりすることができるようになる。

また、上司になったときには、部下が自分のコピーをつくりやすいような話し方をすることで、部下の成長の効率も上げられる。部下からの提案が、自分の視点を参照していれば、修正にかかる時間や労力も減っていく。1回目から満足のいく提案を受けることも可能になる。

これは、常に強制的に上司の視点を使え、ということではない。また部下に自分の視点を押しつけろ、ということでもない。もともとの視点に上司のコピーを追加的に加えることは、視点を増やす上でもっとも効率的で手っ取り早いものであるということだ。気に食わない上司なのであれば、別の名前をつけて使ってもいい。

上司からもらえる最大のプレゼントは、彼らの視点のコピーをもらうことであるといっても過言ではない。部下に対して永続的に提供できる支援も、自分の正確なコピーをつくる機会を提供することかもしれない。

②未来あるいは過去の自分

自分自身も成長・変化しているはずである。過去、あるいは未来の自分は他者としていまの自分とは違う視点を持っているだろう。記憶をたどり、5年前あるいは10年前の自分ならどのような観察をしたかを考えてみる。想像力を働かせ、5年後あるいは10年後の自分ならどのように観察するだろうか、と考えてみる。そうすることで違う側面が視えてくることもある。

社会的な立場や責任、経験、あるいは収入などの違いを意識することで、現在の自分とは違う自分の視点でモノを視ることができるのだ。

ちなみに、この方法は過去から未来にかけての自己の一貫性を維持するのにも役に立つ。年数を経れば当然、変化はしていく。そしてその変化が自身の成長なのか、それともただブレているだけなのか、検証するのにも使えるだろう。

③競合の視点

ビジネスにおいては、通常、自社あるいは自分のブランドからの視点でモノを見ることが多い。ビジネスについての行動主体が「我々」である以上、当然のことである。同時に、競合、取引先、そしてなによりも消費者の目で見ることで違ったモノが視えてくることも多い。将来あるいは過去の自分を視点とするのと同じように簡単ではないが、実効性も高い。競合の視点で見れば、自分たちには当然と思われていた資源も、競争優位の貴重な要素だと気付くこともあるだろう。

❖【技術3】想像する

極端な状態を想像してみることは、大きなバイアスを意図的に自分に課すことになる。大きなバイアスがかかれば、無意識のバイアスの影響力を相対的に小さなものにできる。第7章で詳述するように、現在担当しているプロジェクトが大失敗したとしたらなぜか、大成功したとしたらなぜか、などと自問してみるのは大きなバイアスをかけてモノを視ることを助ける。

変数を動かす演習に近いかもしれないが、この方法は変化の大きな変数を探さなくてもできる点が使いやすい。極端な状態を指定し、その理由となりそうなものを見出していくことで、違う角度から視るきっかけになる。

極端な状態は、大失敗や大成功だけではない。たとえば業界の規模が半分になる、競合ブランドの総数が倍になるなどが挙げられる。環境の激変について想像することも、それまでとは違ったものを視せてくれるだろう。

視点を増やすための4つの方法の中で、もっとも難易度が高いのがこの方法である。一方、素早く複数の視点を獲得できるので、使いこなせればとても便利である。概念化がうまくできるようになると、経験からより多くの経験値を獲得しやすくなり、蓄積しやすくなる。

◈【技術4】概念化し一般化する

概念化、一般化がうまくできていると、経験したことのない事態への対応能力も上がっていく。はじめて遭遇することに対しても、概念化された過去の経験を効率よく適用できるからである。

テレビ広告を評価する仕組みがある。いろいろなものが考えられそうだが、ひとつの量的な評価方法を想像してみよう。その評価方法は、購入意向、目新しさ、説得力の3つの項目をデータベース化してあるとする。本放映前に消費者に見せてみることで、過去の広告に対して相対的にコミュニケーションの成立度合いを評価できる類のものだ。

この方法の設計も、判断基準となるデータベースも、そもそもテレビ広告の評価用に設計されている。だから普通はウェブや新聞などに使おうとは思わないかもしれない。とはいえ、購入意向、目新しさ、説得力はテレビ広告のみに重要なことではない。興味を抱いてもらい、説得力をもって便益を伝達することを目指すさまざまなクリエイティブの評価に使ってもいいはずである。

むしろ、共通の項目をさまざまな媒体向けのクリエイティブに適用することで、媒体間の比較も可能になる。新しい視点につながるかもしれないし、いままでと違う視方を提供してくれることもあるだろう。

ブランドAという商品で得られた経験や知識は、ブランドBという違う製品分野の商品にも適用可能になるかもしれない。同時に、闇雲に適用しても意味がないことも多い。砂漠の戦争では、ジャングルの戦争で使った装備と同じではダメかもしれない。状況と目的が違えば適用するのが難しい、というのは一般的に正しい。

個々の事例は、常に特殊であるという概念がある。一般人という人がいるわけではないし、平均を代表する個人がいるわけでもない。それぞれの個人は誰もが特別な1人である。

個々人がそれぞれに特殊であるように、ビジネスにおけるひとつひとつの経験や知見もすべて特殊事例である。では、どういう状況があれば、ひとつの経験や知見をいろいろな状況に適用可能になるのだろうか。答えは「正しく抽象化する」ということだ。経験を概念化し、一般化することでほかの分野や状況に適用可能な知識になる。

膝を擦りむいたとき、傷口に消毒薬を使う。通常、膝の擦り傷は「体表面の浅い傷」という概念化が無意識にされているだろう。体表面の浅い傷には消毒薬を使えばいい。だから肘の擦り傷でも、背中の擦り傷でも消毒薬を使う。しかし、口の中は「体表面」ではないから、膝の擦り傷に使うような消毒薬は使わない。縫うほどの深い傷でも、そういった消毒薬だけで済ますことはあまりない。

バカバカしい話のようだけれど、ビジネスやマーケティングといった概念作業の中では同様のことがなかなかできないことがある。せっかく効果的なビジネスツールや経験を持っていても、その本質を理解できていないから使い切れなかったり間違って使ったりすることがある。経験の概念化が足りていないのだ。

膝の擦り傷で使ったツールに「膝の擦り傷用の薬」というラベルを付けてしまうと汎用性を損なう。あるいは「傷用の薬」という大雑把なラベルでは、見当違いに口の中に使ったり、深い傷に使ったりすることになりかねない。「擦り傷用の薬」というのは正しく汎用性を担保する。

どうすれば、「膝の擦り傷用」とか「傷用」といった汎用性を損ねるような概念化ではなく、「擦り傷用」といった正しい汎用性を持った概念化が可能になるだろうか。概念化の方法はいくつもあるが、ここでは媒介物を使う方法を説明しよう。

A＝Bという命題があるときに、Cという媒介物を導入して、A＝C、C＝Bという形につくり変えることで、正しく抽象化し概念化する手助けとする。具体的な事例で考えてみよう。

第3章でも使った事例を、ここでも再掲して説明しようと思う。年末に増量パックという販促活動をすることで、ある消費者向けブランドXの売上が5000万円上がった、という事例だ。増量パック施策をA、5000万円の売上増があることをBとする。ここでA＝Bとはすなわち、増量パック施策は5000万円の売上増をもたらす、ということだ。

このA＝Bという図式では、ブランドXであること、年末であること、ある特定の年であること、競合の様子、全般的な経済の様子、法制度の状況（たとえば、消費税率が変わる前後にはなにがしかの影響が出るものだ）などは考慮されていない。「増量パック施策」と「5000万円の売上増」という2点だけを抽出し、概念化していることになる。

もちろん、普遍的にA＝Bでも通用することもあるかもしれないが、増量パック施策が常に5000万円の売上増をもたらすと考えるのは、市場や競合は変化し続けているのだからいささか乱暴だ。市場環境の変化がA＝Bに影響しない理由はない。A＝Bという一般化は、すでに少しばかり危険なニオイがする。

そこで、媒介物としてCを導入しよう。消費者向けのブランドXということなので、消費者についての変数をCとして入れておくのがわかりやすい。

具体的には、A＝「増量パック施策」、B＝「5000万円の売上増」はそのまま、C＝「消費者の変化」としてみる。増量パック施策は結果として5000万円の売上増につながったが、この5000万円の売上増は消費者の変化によってもたらされたものであると考える。

消費者によってもたらされたということは、ユーザーが増えたか、同じ人数のユーザーがより多く買ってくれたかのどちらか、あるいはその両方、すなわち人数も消費量も増えている場合で説明がつくはずだ。

この時点で、Cについてもう少し分析してみる。果たして増量パック施策はユーザーの人数を増やしたのか、使用量を増やしたのか。もしここで、増えたのはユーザー数ではなく、既存ユーザーの家庭内在庫であるということが確認されたとすると、今回の一般化は次のように書き換えられる。

「増量パック施策は、既存のユーザーに家庭内在庫の増加を促した。その増加分は5000万円になった」。つまり、A＝Bではなく、A＝C、C＝Bと書き換えたことになる。消費者についての変数Cとはすなわち、ユーザーの家庭内在庫の増加である。

これで汎用性は上がっただろうか。確かに上がっている。少なくとも、A＝B、つまり増量パック施策を投下すれば5000万円の売上増を確保できる、とする短絡的な思考に陥らずに済む。

この例で重要な部分は、5000万円の売上増というよりも、既存ユーザーが家庭内在庫を増やした、ということだ。既存ユーザーが家庭内在庫を増やしてくれる限りにおいて、A＝Bになると想定できるが、既存ユーザーがすでに十分な家庭内在庫を持っていると予想される場合には、A＝Bにはならない。


今回は「増量パック施策」「売上増加分」「消費者あるいはユーザー」という3点のみを抽象して、それ以外のすべての要素は捨象してしまった。流通業者、取引先、天候、時期、経済環境、法的環境、競合の様相などは無視したということである。

無視してしまって大丈夫なのだろうか。もちろん、それぞれの要素が相互に影響を与え合い消費者の行動に、ひいては5000万円の売上増に影響していることは間違いない。同時に、その影響の範囲なり規模なりがどの程度であったか分析してみることで、捨象しても問題ないのか、あるいはDやEという追加の要素を入れなければならないのかわかるだろう。

分析次第では、D＝「店頭やチラシによる露出」を追加することも考えられる。「増量パック施策」をすることで、「店頭での露出が拡大」してユーザーの目に触れやすくなり、「ユーザーの家庭内在庫用の購入が増える」ことが「5000万円の売上増」につながった、という概念化である。A（増量パック施策）＝D（露出拡大）、D（露出拡大）＝C（家庭内在庫の増加）、C（家庭内在庫の増加）＝B（売上増加）となる。

「増量パック施策をすると、5000万円売上増」といった極端な概念化ならしないほうがよいが、概念化する際には、要素が少なくて簡潔なほうが使いやすい。その意味では、Cに加えてDを追加する程度であれば問題なさそうだが、加えてE、F、Gと増やしていく際には、自分の管理可能な範囲を超えないよう注意すること。

概念化は、複雑な現象であるビジネスを簡潔に見通す視点を提供する。効果的に概念化するためには、すでに重要だと認識している要素に対して、高い影響力を持つものを優先的に分析すると効率がいい。その分析では、概念化した項目を変数に見立て、数値を上げたり下げたりしたときに、結果にどのような影響が出るか推し量ることで、正しい項目を抽出できているかどうか検証できる。

この例では、Bすなわち「5000万円の売上増」という結果に対して、Cすなわち「消費者についての変数」や、Dすなわち「店頭での露出についての変数」を上げたり下げたりすることで、Bの結果にどの程度の変化が出そうか推し量ってみる。消費者についての変数と、店頭での露出についての変数で売上の増減の大きな部分を説明できるのであれば、AとBを媒介するCやDを正しく抽出できているといえるだろう。

CHAPTER 5-07

戦略を文章化する

❖文章化にあたっての3つの注意点

本章で考察してきたように、戦略の組み立てに必要なのは創造性ではなく、むしろ理路整然とした論理の積み上げである。思考プロセスとしては収束的な思考法となる。再定義された目的とそれぞれの局面に対して、補完と相乗を考慮しつつ、リスト化された資源をあてていく。一通りの局面に資源をあてたら、これをひとつの文章にする。

戦略の文章化は重要な仕上げである。組織内に流通するのはこの文章化された戦略であるからだ。文章化にあたっては、次の3点に注意するといい。

①全員が同一の解釈ができるものにする

戦略は、組織の多くの成員に共有され、彼らの行動や現場の意思決定に大きな影響を及ぼすべきものである。全員が同一の解釈をできるような表現、文章構成を目指すべきである。

せっかく競争優位をうまく構成することができたとしても、成員の間での理解が完全に一致していないということになると、そもそも戦略を想定どおりに実行できなくなる。これは、クラウゼヴィッツがいう組織の「摩擦」を招くことにもなる。全組織への展開をする前に、異なる背景を持つ数人の間で解釈に違いが出ないものであるかどうか確認しておくとよい。

②士気を高める

戦略の本義は目的の達成であるし、そのための資源の最大効率での運用である。同時に、戦略は組織の成員に共有され、組織の大義ともなるものである。組織が戦略を奉じて職務を遂行するためには、自ずと士気が高まるような戦略であることが望ましい。状況によっては、目的が士気を鼓舞するものであるものばかりとは限らない。ある事業からの撤退や芳しくない商品の廃盤などもあるかもしれない。そのような場合でも、士気を失わせるような表現は避けたい。

同等の資源を有するふたつの組織が対峙した場合、士気が高いほうが優勢であることは論をまたない。組織が士気高くがんばれることは重要である。高い士気は、内的な資源の拡大につながることも多いからだ。士気や精神力だけで勝てた軍隊やチームはないが、士気や精神力なくして勝てた軍隊やチームもない。ビジネスにおける競争も同じである。

③都合のいい話にしない

目的の達成を心に強く描きながら戦略を組み立てるとき、その論理はついつい楽天的になることがある。さらには、環境の変化やその他の外的要因が自分たちにとって都合のいい想定や仮定に基づいていることもある。戦略の策定をするにあたって、そこそこ広く一般的に見られる傾向である。誰でもうっかり都合のいい話にしがちだ。

戦略の組み立ての際には、不自然に好都合な部分はないか、繰り返し自問し続けるべきである。

CHAPTER

6

戦略を管理する

CHAPTER 6-01

戦略をいかに実行に移すか

❖戦略を浸透させ、共有する

戦略がその効力を発揮するためには、実行に携わるチームが戦略の真意を理解し、行動計画に落とし、実際にプランとして運用されなければいけない。いうまでもなく、戦略を描いただけでは勝負にならない。実行を伴わない戦略は空虚なのだが、戦略と実際の実行計画が乖離して進行していることがある。

戦略を組み上げるのは相応の重労働であることに違いない。簡単な作業ではないだけに、組み上がったときには充足感も達成感もあるだろう。議論と予測の中では何度も仮想実験、思考実験を繰り返しているので疲れ果ててしまっているかもしれない。戦略立案の担当者の中では、すでに何度も実行したのと同じだからある程度の既視感は当然のことである。

しかし、現実には、紙に書かれただけの戦略が目の前にあるのみである。ここから考えたことを実行に移していかなくてはならない。

実行のための最初の段階は、関係者への戦略の浸透である。関係者全員が、目的を明確に認識し、合意していなくてはならない。それぞれの独自の解釈をできる限りなくし、全員が共通の目的理解をする必要がある。同時に、それぞれが投入可能な資源を理解しているべきであるし、それぞれがどのように戦略の実行に貢献できるのか理解している必要がある。

❖戦略への納得感が大きな成果につながる

戦略を関係者全員と共有する際には、内容の理解だけでなく、共有感の醸成も重要な課題となる。戦略の策定プロセスは必ずしも民主的である必要はない。責任を任された少数の担当者が戦略を組み上げることは効率的だろう。ただし、戦略を共有する際には、戦略立案の担当者たちには全面的な説明責任が要求されてしかるべきである。

階層構造を持った組織においては、示された戦略を支持し実行する責任がそれぞれのメンバーに発生するはずである。同時に、各メンバーが全身全霊で支持する戦略の実行と、組織構造上、上司にいわれたので仕方なく従う戦略の実行とではその成果について大きな差が出てくることは想像に難くない。

戦略を最大効率で運用するためには、重要な資源である各メンバーの全面的かつ積極的な賛同と支持は不可欠である。戦略への納得感は各員の士気の向上につながり、ゆくゆくは実質的な資源の拡大に帰結する。逆に、納得感が低ければ、士気の喪失につながることもある。

❖展開と運用は民主的に

納得感の高い、理想的な状態を確立するために気をつけるべきことが2点ある。

まずは理解と解釈の統一である。組織の成員は、戦略策定者の意図を明確に汲んだ理解をしていなくてはならない。市場シェア10%といったときの市場の定義、計算方法、9・3%はほぼ10%と見なすのか否か、などは単なる誤差を超えて摩擦の原因となりうる。このように、数値化した目的を持っている場合でさえも、明確にすべき要素は残っているものである。

理解と解釈の統一のためには、広く双方向性の対話の機会を持つことですり合わせしやすくなる。各メンバーが帰属意識を持つ最小規模の組織単位にまで権限委譲することで対話の効率を上げられる。

ふたつ目に、フィードバック・ループの設定である。この対話のプロセスの中で出てくる質問や確認事項に戦略策定者は答えなくてはならない。うまく答えられない質問がある場合には、その質問は戦略を改善する示唆を含んでいるかもしれない。

戦略を組織に説明するときに、うまく答えられない質問が出てきた場合には、戦略を修正して2度目の説明を行うことを恐れるべきではない。修正を必要とする戦略を組み上げたのは無能ではなく、情報の不足が理由であることが多い。具体的な戦略を示すことで、本来、戦略を組み上げる前に知っておくべきだった情報がはじめて出てくるということもある。

これは、戦略策定者が必ずしも組織内のすべての状況と知識について通暁しているわけではないことに起因する。

情報の不足は戦略策定者の責任であるとか、彼らの怠慢であると認識される文化をつくるべきではない。さもないと、戦略策定者は、現場や実行を担うチームからのフィードバックを無視して最初の戦略案を強引に推し進めるようになりかねない。残念ながら、正確な現状理解に基づかない目的設定や資源解釈から生まれた戦略は、実行においてうまく機能しない。当然、期待される結果を出すことはない。

現実的には、きわめて限定的な時間的猶予のために、2回目、3回目の戦略説明機会が用意されることは少ない。戦略的な失策が続く傾向のある組織では、この点を再検証する価値があるかもしれない。また、戦略を修正するにしても全面的なものになることは多くないだろう。方針の大枠は残しつつ、新しい情報に基づいて関連する部分を後日修正すればいい。ある程度の現物合わせは実践的な展開では必要となる。

効果と効率を考えると、戦略策定は限定的なチームですべきである。しかしながら、その展開と運用は透明性を持ち、民主的でありたい。

CHAPTER 6-02

戦略を変更すべきとき

「目的」と「資源」に変化がないか

新しい上司が来るたびに部門の戦略が変わる。年が改められるたびに新しい年の戦略が発表される。競合の大型新商品が投入されたので戦略が変わった。重要な取引先が合併したので戦略を書き換えた。消費税率が変わるので戦略を変えることにした。よく聞く話である。

戦略は環境の変化に影響されうるものでもあるから、外的・内的環境の変化に即応すべきであるのか。それとも、むしろ外的・内的環境の変化に耐えるべきなのか。戦略は適宜変わるけれど、どのような場合に変えるべきなのだろうか。

ここまで読み進められた読者のみなさんには、この問いに対する解答はすでに明確であるかもしれない。戦略を必要とする要件は達成すべき「目的」の存在と、「資源」の有限性であった。ということは、「目的」に変更があったか、「資源」に変化があった場合には戦略を変更すべきである。そうでない場合には、戦略を変更する必要はない。

新しい上司の着任に際して、彼あるいは彼女が新たな資源を提供したり、新たな目的を定義付けたりするのであれば、当然、戦略は変化しうる。もちろん、既存の戦略に則って新しい資源や資源の解釈を付与することも十分に考えられることであるから、必ず戦略を変更しなくてはならない、というものでもない。

あるいは目的の小さな変更や延長、たとえば2年後に2％成長という目的を3年後に3％とするような場合も、既存の戦略を大幅に変える必要はないかもしれない。

今年の戦略に基づいて、今年の目的がすでに達成されている場合、あるいは来年は新しい資源が調達・利用可能であると予想されている場合には、来年の戦略は今年と違うものになることが多いだろう。売上あるいはシェアの維持、という目的を有していた場合には、来年も同じ目的を掲げることもありうるが、経時的に資源は変化している可能性もある。同じ目的であっても、本当に同じ戦略を採用すべきかどうかは慎重に判断し直してもいい。

たとえ競合の大型新商品が市場導入されたとしても、それが直接的に自分たちの戦略に変更を迫るものとは限らない。もちろん、こういった大型新商品は市場への影響も大きくなるのが通常で、結果的に我々が投入する資源の相対的な減少につながることは少なくない。

競合の新製品などは、その全貌が明らかになるまでは事態は流動的であるだろうし、全貌が明らかになった時点では、必要な対応策を講じるにも手遅れということもある。時間との勝負になることも多いので、事前に自分たちの目的と資源への影響に焦点を絞った予測をしておくといい。

重要な取引先の合併など、社外の資源に変更が生じる場合には、我々は戦略の再検討をする必要がある。こういった出来事によって利用可能な社外資源に大きな変化があるかもしれない。新しい資源の様相を解釈し直すことで既存の戦略への影響を理解し、必要に応じて戦略を変更するべきである。

消費税率の変更など、自国・他国政府の規制や行動が外的な環境を大きく変えてしまうことがある。既存の戦略の変更を要求するレベルの変化が起こることも少なくない。

とはいえ、戦略の変更に際しては、政府の行動そのものを直接的な動機にするべきではない。あくまで、政府の行動が我々の目的や資源に与える影響に着目すべきである。たとえそれが世間に大きな影響を与える政府行動であったとしても、目的や資源に影響を与えないものであれば、戦略を変更する必要はない。

逆に、世間的にはあまり重要でない政府の規制であっても、目的や資源に影響が出るのであれば、戦略を再考する必要があるかもしれない。

❖「大成功が次の失敗のもと」

ある戦略が成功した場合、組織がその戦略にいたずらに執着することがある。いかに強力に機能した戦略であっても、目的が変化し資源が流動的である限り、永続的に効果を上げ続ける可能性は低い。時間が経つにつれて、目的の相対的な意味や資源の効力は変化するものである。これらの変化を認識せず、過去に成功した戦略を盲信するのは危険である。

過去の成功とその戦略に固執しすぎたために衰退した例は、枚挙にいとまがない。同じ戦略が時代を越えて機能し続けると信ずるためには、前提として目的なり資源なりが環境の変化に対して独立を維持している必要があるが、現実的には想像しにくい。

同様に、ある戦略を地域を越えて適用する場合にも、目的と資源の同一性に着目して検分する必要がある。アメリカの市場でうまく機能した戦略が、日本の市場でも同様に機能すると信ずるためには、目的と資源の市場での意味合いが相応に同一であることを確認する必要があるだろう。

グローバル・ブランドなどにおいては、同一のブランドである、という名目のもと、ある地域で成功した戦略を全世界に展開しようとすることもある。全世界的な一体感が出るし、マーケティング・プランを作成するのに必要な間接費を大幅に節約できる可能性もある。政治的な活動としても、社内的に大きな意味を持つことがあるかもしれない。

しかし、さまざまな違いを持ついろいろな市場で同じように効果を発揮する普遍的な戦略があると想像するのは、特殊な例外を除いて現実味のない空想になりかねない。

それぞれの戦略実行主体がいただく目的と、それぞれが有する資源が、それぞれの競争環境の中で同一でない限り、どこかに無理か非効率が発生するはずだ。

これは、グローバル規模での戦略を確立できないということではない。ある特定の地域で機能した戦略を、そのまますべての地域に適用することに無理があるという議論である。いうまでもなく、グローバルで捉えた目的に対して、グローバルで捉えた資源の最適配分をグローバル戦略として示すことは十分可能である。

CHAPTER

7

戦略的に考える

CHAPTER 7-01

最悪の事態を回避するための思考トレーニング

❖最悪の事態とはどんな状態か

本章では、具体的な戦略の議論から一歩進んで、戦略的に考えるということを考えてみる。戦略的とは「戦略・的」である。これは必ずしも戦略を考えることだけではない。戦略は目的達成のための資源利用の指針である。つまり、目的と資源に焦点を絞った、あるいは目的と資源を意識した考え方を戦略的と呼べるだろう。

戦略を必要とする状況下で、最悪の事態とはなんであろうか。戦略は目的と資源に基づく概念であるから、戦略を必要とする状況下での最悪の事態とは、目的がまったく達成できず、資源を使い果たしてしまった状態である。いわば、完敗である。

いい失敗については前述した。小さな失敗をしておくことで、成功のヒントをつかめる可能性がある。まったくの新市場に出ていくといった探索的な活動をする場合、失敗を前提として仕掛けることもある。もちろん、その場合は市場での成功というよりも学習が「目的」なので、保有する「資源」は学習効率を最大化するような戦略に基づいて投下されるべきである。

こういった探索的な活動ではなく、成功を期していながらの失敗だったとしても、「資源」を温存しておくことができれば、2回戦もあるかもしれない。「資源」がある限り、そして時間切れになっていない限り、「目的」はまだ達成可能である。失敗のすべてが悪い事態というわけではない。

最悪の事態とは、すでに「目的」の未達成が確定した状態で、かつ2回戦もできないほどに「資源」を使い切っていたり、場合によってはマイナスになっていたりという状態である。なんとしてでも、こういった事態に陥ることは避けなくてはならない。

❖過去の事実として失敗を捉えてみる

戦略を練り、計画を立てる場合には、通常、成功すなわち「目的」が達成された状態をイメージしながら行うことが多い。すべての計画は勝つためになされる。勝つことが前提なので、負けることを考えていないことも多い。

そこで、一通りの戦略と、それに基づく計画ができあがったら、次の思考実験をすることをお勧めする。第5章第6項で触れたものだ。これは、複数の視点を導入したほうが効率的なので、なるべく多様な背景を持つ複数のメンバーと行うことで質の高い演習になることだろう。

まずは、全員で次の問いに答える。

「今日は、計画実行から半年後である。叡智の限りを尽くして組み上げた戦略と、それに基づく計画を、全員が全力で遂行した。誠に残念ながら、我々の試みは完全な失敗に終わった。さて、なぜ失敗したのか」

この問いは過去形で発することがポイントだ。全員、計画実行の1週間後なり半年後なり1年後なりに時間を進めて、過去の歴史的事実として大失敗を振り返る。いささか気分の悪い演習である。

経験的には、未来に想定する失敗よりも過去の事実として捉えた失敗のほうが、分析や思考に身が入る。未来から現在を過去として見るという視点と、失敗したというふたつの新しい視点がここにはある。

この問いに対して、チームメンバーから出てくる見解はきわめて重要だ。計画の担当者たちが、意識的あるいは無意識的に考えうるあらゆる失敗の理由が噴出する。いままで揺るぎない前提として考えていたために、確認もしていなかったことが出てくることも多々ある。たとえば、次のようなことが出てくるかもしれない。

・急に円高あるいは円安になる。20円上がる、あるいは下がる。
・特定の原料が著しく品薄になる。生産できない。
・営業マンの数が半分になる。このリストラはまだ我々には発表されていない。
・競合Aが競合Bを買収し、圧倒的な店頭圧力が生まれる。
・自社の同一カテゴリー内のブランドCが急にシェアを落とす、あるいは上げる。結果、会社が新ブランド導入について疑念を持つ。
・大きな天災が新ブランド導入の日に発生する。

こんなことが起きる可能性はいかほどのものか。もちろん、この演習を通して出てくる意見は極端になる可能性も高い。大事なのは、大崩壊をもたらすかもしれない事態をなるべく全部掌握しておくことである。発生確率は、可能性を書き出してからチームメンバー全員で話し合って考えればよい。

まずもって発生しないし、よしんば発生しても対応策を考えない、というような場合もあるかもしれない。対策を講じてもいいし、場合によっては意図的に対策を持たなくてもいい。対策を講じていない大崩壊シナリオがある、と認識しているだけでも、市場の変化に敏感になり、手遅れを防ぐ効果がある。

CHAPTER 7-02

不確実性を読む

競合の読み方

多くの経営論や経営戦略書が競合を不確実性として扱っている。もちろん、競合の行動を確実に管理する方法は知られていないので、明らかに不確実性の高い要素であることは間違いない。

しかし、これまでに説明してきた戦略の根本的な概念を転用することで、競合の次の一手を予測することは可能だ。多くの企業には戦略があり、その戦略に基づいた手段として各種計画が考えられ、決められ、実行されていく。競合が考える戦略というのは、本書で説明してきたものとは違って、理念や目的を表しているに過ぎないかもしれない。あるいはもっと詳細な手段の話をしているかもしれない。

とはいえ、競合の行動も、有意識であれ無意識であれ、なにがしかの方針に規定されていることが多い。公開されているものがどこまで現実的に戦略として採用されているか測るのは難しいが、株主向けに戦略を公開している企業も少なくない。現時点ではその戦略が変化していたり進化していたりということは考えられるが、競合企業の公式の立場は理解できる。

いかに競合の戦略を読むべきか。本書で説明してきた戦略の考え方を応用する方法を示そう。戦略の定義どおり、競合の「目的（動機）」と「資源」を理解することができれば、競合の戦略は予測可能になる。

具体的には、次のふたつの質問に答えることで、競合の「目的」と「資源」を仮定しやすくなる。これらの質問は、競合がなにか新しい行動をとった場合に考えてみる価値がある。たとえば、いままでにない商品の導入をしている、あるいは導入の方法をとっている。マーケティングの仕方、セールスの仕方、製造の仕方を変えてきた。企業を買収した、あるいは一部の事業部を売却した、などといった場合である。

「なぜ、そんなことをするのか」

この質問に答えてみることで、開示されていない競合の本当の「目的」が理解できることがある。特定の目的を持って行動しているのであれば、人も組織もその目的に不一致な行動はとらないものだ。

特に、競合が従来の手法なり方法論から逸脱した計画を実行している場合、あるいはひと目見て愚かしい行動をしているように見える場合にこそ、「なぜ、そんなことをするのか」という問いをチームで考えてみるといい。

「バカげたことをしている。うまくいくわけがない」と見くびることが往々にしてある。理解できないことは恐怖につながるので、理解できないことをする他者をバカにすることで自らの恐怖は抑えられる。そうして、競合の行動をそれ以上考えようとしないことは少なくない。

しかし、競合の担当者やリーダーには、自分たちと同等以上の知性と能力があると仮定する謙虚さがあれば、「バカげていて、うまくいくわけがないこと」をするはずはないと気付くだろう。我々と競合するほどの組織なのだ。敬意を払っておくほうが理にかなっている。

ある明確な目的を達成するために、真摯にそして整合性をもって立案したのが彼らの計画であり、その精いっぱいの実行を我々は目の当たりにしているのだ、と考えるべきである。

競合他社が自分たちと同じ目的を達成しようとしていると想定していたり、彼らの資源の限界を過去の事例から把握していると想像していたりするかもしれない。しかしながら、これは無用なバイアスを自分たちにかけているに過ぎないこともある。

観察された事実に真摯に、徹底的に固執することで、これらの有意識・無意識のバイアスから解放された自由な思考が可能になる。

第2章で、自分たちの目的を明確化するにあたり、「ある場合とない場合」の差を考える、と述べた。ある計画なり行動なりが、「ある場合とない場合」の差を最大化させることが、その計画なり行動なりの目的である、という考え方だ。この手法を使うことで公開されていない競合の目的を推測することが可能だ。

つまり、競合が実行している計画を仔細に観察して、それらが「ある場合とない場合」に彼らに与える影響の差を比較する。この観察と考察に際しても、いろいろな部署から複数の人員を動員することで、多様な視点を確保できる。

複数の視点で競合の行動を観察しつつ、その計画や行動が「ある場合とない場合」で競合そのものや市場にどのような変化が現れるのか、意見を出し合う。これらの意見の中には、きっと競合の本当の目的が入っているだろう。

もし競合が積極的に秘匿しようとしている場合は、この段階ではまだ本当の目的が見つけられないこともある。「本当の目的は秘匿されているかもしれない」という認識をメンバーで共有しつつ、同様の意見交換を繰り返してみるのは簡単な解決法のひとつである。意識を変えれば、見えるものも変わる。前提が変化しているので、メンバーの見解や、メンバー間のダイナミズムも変化するだろう。

この検証では、複数の仮説が出てくるはずだ。今度はこれらの仮説に基づいて、競合の行動を観察し直してみる。仮説としての競合の目的と、観察された競合の行動の間に大きな齟齬がある場合、その仮説は廃棄していい。少なくとも、優先順位の高い仮説ではなくなる。

廃棄する前に、仮説としての競合の目的が正しいとする場合に必要な条件を示しておいてもよい。この仮説が正しいのであれば、かくかくしかじかの行動がとられているはずだ、というものである。この行動を、競合は来週実行に移すかもしれない。そうなったら、この仮説をゴミ箱から拾い直そう。

完全に競合の目的を絞り込みきれないのであれば、もうしばらく競合の観察を続けてもいい。もちろん、仮定された競合の目的から考えられる次の一手に対する手当を可能な限りしておくべきなのはいうまでもない。もう少し様子を見る、すなわち、観察のデータ・ポイントを増やすことで、競合の目的についての仮説の精度は上がっていく。ただし、有限の時間資源を消費していることを忘れないこと。

「なぜ、そんなことができるのか」

次に「なぜ、そんなことができるのか」という問いを投げかけてみる。

この質問に答えることで、まだ秘匿されている競合の資源が見えてくることがある。我々が知っている限りの競合の資源量では、達成が難しそうな行動を競合がとろうとしている場合、我々がまだ知らない資源を保有している可能性がある。

競合からの新ブランドの導入計画において、過去に例のないレベルでのマーケティング予算投下があるとする。その新ブランドの導入に際して、一時的に利益の要求が低下しているかもしれない。この競合企業内における条件変更は、その競合ブランドにとっては一時的な資源の増強に等しい。

あるいは、彼らが購入している広告の単価を下げる活動が効果を発揮し始めたのかもしれない。マーケティング予算そのものが増加したわけではないとしても、出稿の購入単価が下がることで広告の圧力が増してくる。であるとすると、他のブランドにおいても同様の広告圧力の増加が予想される。当該新ブランドについても、導入時期だけでなく、継続的に広告量が高く維持される可能性も出てくる。あるいはその分、それ以外のマーケティング圧力が上がるかもしれない。

既存の営業組織では現存するブランドや製品の総量を管理するのに手いっぱいのはずな

のに大型の新ブランドを投入してくるといった場合、いくつかの小さなブランドを売却しようとしているかもしれない。あるいは、これらのブランドの廃盤を覚悟している可能性もある。

小さなブランドの売却や廃盤は、直接的には資源の増強ではないように見える。しかしながら、結果的には営業1人当たりの負担は減少するわけで、これは相対的には資源の強化といえることがある。人的余裕は営業だけではなく、マーケティング要員の転用につながるし、工場にも余裕が生まれるだろう。結果的には、圧力を強めようとする方面での資源増強になっていく。

また、これらの小型ブランドを売却せずに廃盤にする場合、捨て身の安売り行動に出る可能性もある。短期的なシェアの増減に釣られて、我々も価格で追従などということをすると、彼らは廃盤覚悟なので大した打撃にならなくても、我々には甚大な被害が出るという可能性もある。このように、自分たちの対応による副次的な影響にも注意する必要がある。

❖競合の戦略

不確実性の塊のような競合の動きであっても、彼らの行動を観察し、ちゃんと考察すれば、どういう目的で行動し、我々の知らない資源はなにか、推論することは可能となる。

いったん競合の「目的」と「資源」にある程度の当たりがつけば、競合の戦略を読むのは合理的な組み合わせを探すだけである。さほど難しいものではない。

前述したように、目的と資源が明確になっていれば、どのように戦略を組み上げるかについてはおおむね正解が存在する。よく考えれば大きく外していない答えを見つけることができるだろう。

推測された「目的」と「資源」に基づいて、競合の戦略を予測することができれば、競合の次の一手、二手を想像することも可能だ。ひとつに絞り切れない場合、いくつかの対抗手段を時間別・地域別に展開することで、競合の戦略をさらに正確に理解することにつなげられる。

もちろん、競合がここで示したのと同様の方法、つまり目的と資源に基づいた戦略立案をしているとは限らない。気まぐれな社長の鶴の一声で、活動内容を変えているかもしれない。であったとしても、競合が持つかもしれない理路整然とした仮想の戦略を理解しておくことは役に立つ。なぜなら、そうしてつくられた戦略はもっとも効果的・効率的に所与の資源を使う方法であるからだ。この仮想の競合戦略に対抗できるのであれば、思いつきに対応するのはそれほど難しくない。

◈自社を読む

実際のところ、自社の行動というのも、かなりの不確実性と不透明性に覆われていることが少なくない。たとえば、日本は重要な市場であるから継続的に投資する、という外資系企業の本社のコメントである。本気でそう考えているのか、マネジメントが来日した際の日本支社への社交辞令なのか、判然としないことも多い。自分が本社にいたとしても、自分が担当するブランドを本気で大事にしてくれているのか、どうも曖昧なことも少なくないだろう。マネジメントというのは、社員の士気を高めることも仕事だ。「君たち、このブランドは優先順位が低いから、適当にしておいていい」とはまずいわない。

組織改編に際しても、果たしてこの後どうなっていくのかよくわからずに不安になることもある。社員こそ資源といいつつ、会社が本当にそう考えているのかよくわからないこともあるだろう。一般的に社員は資源で重要かもしれないけれど、私という個人についてはどのように考えているのかわからない、ということもある。

理念どおりに企業や組織が行動しているのかどうか、自分がその企業なり組織なりの成員でありながら確信を持てないということもある。企業・組織の成員とはいえ、最終的には運命をともにしないことも多い。

国家についても同様であるだろうが、政府組織が考えていることをすべて国民に開示してしまっては、国際政治のやりとりに支障をきたす場合もありそうだ。

いずれにせよ、機密というものは必ずあるし、どこの組織でも成員への全面的な情報開示はありえない。

特に、自分が所属する企業や組織の最近の施策や行動に対して不満がある場合には、辞めてしまう前にこの演習を試みてみる価値がある。

会社はなぜこんな施策を決めたのか。会社はなぜこのように組織を変えようとしているのか。なぜあの事業部とこの事業部を統合し、こっちの事業部とあっちの事業部に変化はないのか。

いま、公示されている戦略との一貫性が感じられないときには、公示されている戦略がすでに実効性を失っている可能性がある。なぜそんなことをするのかわからないということは、目的と計画の一貫性が喪失されている可能性を示唆しているかもしれない。

では、自分が所属する組織が、本当はどこに向かおうとしているのか、どうしたらよりよく理解できるだろうか。もちろん、公式の理念なりヴィジョンなりは、ひとまず素直に理解すべきものである。これらはそれぞれの組織の大義であるし、かなり長期的に変化しないものであるから、よほど反論しにくいはずのものである。

理念やヴィジョンよりも、もう少し具体的な方針について、たとえば日本支社が本当に重要視されているのかなどについては、ここまで説明してきた戦略の根本概念を適用することで明確になることが多い。

考え方は競合を読む場合と同じである。競合の場合と違って、目的や資源についてはより多くの情報を入手可能であるだろう。競合を読む場合にはバイアスを極力外すために、なるべく観察された事実に執着するよう述べた。

自社についての場合には、このバイアスを外すという心がけはさらに厳しく課すべきである。日常的に聞き馴染んだ事柄は、本当の目的や資源を覆い隠す絶好のカムフラージュになることが多い。

いま起きていること、先週、先月、ここ半年、1年で起きたことが、来月、来年、次の3年間で会社が本当に達成したいことのためにきわめて正しいことなのだとしたら、その目的はなにであり、そのための資源はなにでありうるか。

これまで目的だと説明されていたことはいったん置いておき、ここ最近に経験し観察したことのみをたどってみる。理路整然とさかのぼることで、会社が本当に向かおうとしている先が見えてくることがある。目的がわかり、資源がわかれば実際に採用されている戦略は自ずと決まってくるだろう。

会社が本当に採用している戦略の仮説が立てば、次の一手も予想がつく。この推測される次の一手と、会社の次の行動計画が同じものであれば、推測された戦略が会社の本当の戦略である可能性は高まる。

ここで示した演習の方法は、不確実性をもたらすものが競合であれ、自社であれ、上司や部下などの個人であれ、流通や取引先などの組織であれ、達成すべき目的があり資源が有限である場合には等しく適用可能である。

自由意志を持った周囲の個人あるいは組織の戦略がわかっていれば、それを支援することも、また必要に応じて忌避することも、運と誠意のみに頼るより効果的なものになるだろう。

CHAPTER

8

「戦略」をより深く理解する

CHAPTER 8-01

実践的な思考の道具としての戦略

❖ここまでの振り返り

本書は、「戦略」が実践的な思考の道具として体得されることを目指す、と冒頭で示した。その定義に始まり、考え方や方法論を7章にわたって説明してきた。ここまでお読みいただき、戦略についての考え方に変化があっただろうか。

読者のみなさんの振り返りのために、重要な点を簡潔に要約しておこう。

- 戦略とは、「目的」達成のための「資源」利用の指針、である。この指針に基づいて、具体的な実行計画が立案される。いい戦略は、達成すべき「目的」が解釈の余地なく明確に規定され、有限の「資源」の最適な使い方を示す方針として機能する。つまり、やるべきことや、やるべきでないことを明示する。

- 正しい戦略は目的の達成確率を上げる。なぜなら、目的の達成に対する資源の投下効率が上がるからである。うまくいかなかったとしても、正しい戦略は資源を温存した、いい失敗に導いてくれるだろう。戦略が明確であると、経験が学習につながるので次回の達成確率は上がっていく。

●戦略によって差が出るのは、大きく3つのポイントが考えられる。①目的の解釈の仕方。②資源の解釈の仕方。そして、③相対的に資源の数的有利をもたらす分母の区切り方である。いずれにしても、どのような視点で観察できるか、解釈できるかが決定的に重要である。より戦略的に、あるいは戦略において効果的になるためには、視点を増やす努力をするといい。

●判断に迷ったら戦略に立ち返ることで、目的達成のために行くべき道が見えてくる。正しい判断とは、目的の達成のために有限の資源を最適に投下することを意味する。不測の事態に出会ったら、その不測の事態が「目的」と「資源」に与える影響を洗い出すこと。いたずらに戦略を変える必要がないことも多い。

●戦略的であるためには、常に目的を意識し続けることである。なぜこれをしているのか。なにを達成したいのか。次いで、資源を意識する。使えるものはなにで、どういう状況で効用が最大化されるのか、理解する。

- つまるところ、戦略を組み上げる上でも、戦略的になるためにも、覚えておくことは2点に突き詰められる。「目的」と「資源」である。戦略に絡むあらゆる問題と考察はすべてこの2点に集約されていくか、この2点に端を発している。困ったときには、目的に立ち返ること。なにを目指していたのか思い出すこと。

CHAPTER 8-02

従来の戦略論とどう関連するか

より深い理解のために

これまでにもさまざまな人物によって、さまざまな戦略論が語られてきた。戦略の定義も、それを論じた人の数だけ種類があるといってもよ過言ではないだろう。本書が示している戦略もそのうちのひとつに過ぎない。

とはいえ、いままで語られてきた戦略論の中でも、もっとも簡単で、それゆえプロセスや手続きや概念やモデルというよりも、日常的に戦略そのものや戦略的な思考を道具として使えるようにと願って説明してきた。既存の戦略論に代替するというよりも、現実的な手段としての戦略思考をシンプルに実践する方法を提供する試みである。

以下に、代表的な戦略概念との関連を示しておく。本書で提示した「戦略」のより深い理解のために参照いただければ幸いである。

❖戦略計画学派との関連

本書での主張は、戦略計画学派が唱える戦略の概念と一通りの一貫性を保っている。アルフレッド・チャンドラーは戦略を「企業の長期目標と目標の決定、およびその長期目標を達成するのに必要な資源の配分と行為方針の採用」としている。目的と資源の再解釈を行い、そこに創造性を持つべきだという部分は明確に記されていないものの、目的と資源を戦略の中核に据える部分は同じである。

❖創発戦略学派との関連

ヘンリー・ミンツバーグなどの創発戦略学派は、企業が環境との間に示す長期的な相互作用のパターンを戦略と捉えている。このパターン、すなわち戦略は2種類に分けられるものだ。

ひとつは意図された、事前に策定し、計画していたパターンであるもの。本書で示した戦略は、基本的には戦略計画学派が唱えているものと同じものであると考える。もうひとつが実現された戦略、すなわち事後的に、実際にその企業が示した相互作用のパターンをまとめたものである。後者を意味あるものとして好意的に定義付けたのは創発戦略学派の特徴的な部分である。では、実際に戦略を創出したのは誰かというと、現場のミドル・リーダーたちである。戦略を文章化していないとしても、個々の現場リーダーの思考と行動のパターンを全社的に集め、事後的にパターンを見出すことで戦略が確定していくとするものである。

これは、必ずしも戦略計画学派の主張と対立するものではなく、むしろ現実的な運用をよりよく描写したものと理解してもいいかもしれない。本社・本部からの指針としての戦略がまったくないという前提は現実的ではないだろう。

この概念に対しては、本書で説明したことはまさにミドル・リーダーたちが考え、実行するにあたって、ひとつのやり方を提供するものである。

戦略計画学派的に事前に意図された戦略が、実行の過程でミドル・リーダーたちが現状に合わせて修正をすることで実効性のある戦略ができあがる、というのが創発戦略学派の唱えることである。なぜこの修正が必要となるかというと、事前に意図された戦略には十分な「目的」や「資源」の再解釈がなされていないか、あるいは不測の事態が「目的」や「資源」に大幅な変更を与えてしまったからである。ミドル・リーダーたちは本部で策定された「目的」と「資源」に注目し、現状と比較することで、戦略を現場に合わせてより効率よく効果的に進めることができるはずである。本部が大まかな方向性だけを示して、具体的な戦略を現場やミドルに任せよ、というのは概念としては正しい。

とはいえ、現場やミドルがなにを頼りにそれぞれの戦略行動を定めていけばいいのかという考え方を提示する必要もある。戦略を創発する立場にある現場やミドルが、「目的」と「資源」に焦点を合わせて考えるのだという方法論が理解されていることは、創発に基づく戦略の整合性も成功率も高めていくであろう。そのため、本書の主張は創発戦略学派との親和性も高いと考えられる。

❖ポジショニング・ビューとの関連

ポジショニング・ビューは、マイケル・ポーターや多くのマーケティング関係の論者が主張するもので、市場において特定のポジションを得ることで高い利潤を獲得できるという法則性に注目し、そうした「市場の法則」に基づいて自社の競争戦略を構築したり、製品や市場のポートフォリオを取捨選択したりする考え方である。

有名なファイブ・フォーセズ・モデル（5つの諸力のモデル）と呼ばれる業界分析手法をもって、既存あるいは新規の市場を構造的に分析することができる。その結果、経験からくる知識がない状態でもおおまかな業界理解を進められるため、実務でもアカデミアでも経営についてのリテラシーを上げたのは大きな貢献である。ただこの手法は、きわめて具体的で、しかも複数の事業あるいはカテゴリーから取捨選択するという規模感を持った経営を対象とした手法である。コンサルタント、証券業界、銀行業界や、大企業の幹部にとっては重要な指針を示しつつも、ブランド・マネジャーを含む大多数のプロフェッショナルにとっては、規模が大きすぎて意味のある戦略概念を提供するものではない。

また、同様に業界分析の指針を提供したものにＰＩＭＳ（Profit Impact of Market Strategy）分析がある。ポーターと同じハーバード大学のグループがＧＥのケースをもとにまとめたものである。製品の品質が低いときにマーケティング投資を大きくするとＲＯＩ（投下資本利益率）がきわめて低くなる、といった知見を実証したという意味で、これも経営に大きな貢献をした手法である。同時に、この分析もまた、ファイブ・フォーセズ・モデルと同じように、判断の規模が大きい。創発戦略学派が対象としたような現場やミドルの戦略家たちを中心的な対象としたものではないかもしれない。

ファイブ・フォーセズ・モデルは、企業の「目的」や「資源」を、競合を含む市場に対して相対的に位置づけた場合の評価、あるいはそのためのチェックリストを示すものであると考えられる。自社の「目的」や「資源」に市場から見た相対的な評価を与えるための市場構造の理解である。上級マネジメントがこのように解釈すると、手法の全体像が理解しやすくなると思われる。

ＰＩＭＳはファイブ・フォーセズ・モデルよりも特定の戦略に基づく行動評価だと考えられる。ファイブ・フォーセズ・モデルが、市場における「目的」の相対化に役立つほどには、ＰＩＭＳは「目的」について作用するものではない。むしろ、「資源」の現実的かつ効果的な投下方法を測定し、認識する際に大いに効果を発揮するだろう。

ファイブ・フォーセズ・モデルはポジショニング・ビュー的に、すなわち市場相対的に自分たちの「目的」や「資源」を理解できるので、ひとつの新しい視点を提供してくれるだろう。同時に、ＰＩＭＳの適用は、「資源」の投下に関して、継続的な効率の追求を助けてくれるに違いない。

一方、ポジショニング・ビューの問題のひとつに、環境要因（のみ）に基づいてブランドや製品分野の選択をしがちである、という点が挙げられる。これを克服するには、本書の主題である「目的」と「資源」を意識し続ければいい。戦略主体である組織・企業の有する「目的」と「資源」に照らした戦略を組み上げられる。

短期的な考察に終始しがちであるという問題に関しても、ファイブ・フォーセズ・モデルによる分析の前に「目的」の時間的制約、つまり何年に達成する目的であるのかを明示することで、混乱の度合いを下げることは可能である。

❖リソース・ベースト・ビューとの関連

ゲーリー・ハメルとC・K・プラハラードが主張するコア・コンピタンスに基づく戦略概念は、リソース・ベースト・ビューが示す議論を特徴的に表している。ここでは「資源」についての深い洞察がなされているが、目の前にある製品やサービスそのものではなく、その背後にある知識や技術あるいは一連の行動の体系をコア・コンピタンスとして定義付けている。このコア・コンピタンスは、もっとも重要な、すなわち競争優位の源泉となる「資源」であると解釈できる。

本書が一貫して「資源」、特にその解釈に固執するのは、リソース・ベースト・ビューの論者たちが、資源そのものが一般的に流通していて入手しやすいものではない、という前提に基づいているのと同じ理由からである。

議論の相違点は、コア・コンピタンスが優れた知識や能力に着目するのに対して、本書では、ひと目で優位性があるとは思われないものでも、市場あるいは競合に対して相対的に特徴的であれば、使い方次第で有効な資源になると考えている点であろう。であるがゆえに、弱者が市場順位の転覆を図ることが可能になるのである。

❖ゲーム論的アプローチとの関連

ゲーム論的なアプローチでは、市場におけるもっとも大きな不確実性である競合を起点として戦略を考える点が特徴的である。市場の捉え方は他の学派やアプローチと比較した場合、もっともダイナミックであるともいえる。競合相手の出方が環境に変化を与え、その新しい環境下での施策と、またそれに対する競合の手を考えるということを繰り返す。この考え方は、現実的な競争状況を反映させている。つまり、ゲーム論的なアプローチにおいては、時間がちゃんと流れている。

本書では競合の不確実性に対する対処の方法や、競合の戦略の読み方を説明している。その具体的な方法論としてゲーム論を活用することは、不確実性をできる限り抑制する際に、精度を高めることにつながる。

また、A・M・ブランデンバーガーとB・J・ネイルバフがファイブ・フォーセズ・モデルと対比する形で示した「補完的生産者」は、明らかに「資源」、具体的には「認識しやすい外部資源」である。「補完的生産者」というのは特徴的な概念なので、ここで少し説明しておく。

ウィンドウズ搭載パソコンの生産者に対して、マイクロソフトは補完的生産者である。ウィンドウズを使用しないコンピュータに対して、両者は協働して対峙する。ところが、顧客はコンピュータを購入する際に、ハードウェアとしてのコンピュータとそのオペレーション・ソフトウェアとしてのウィンドウズの両方に、そして多くの場合、同時に支払いをする。この支払われた対価をどのように分割するかという段になると、ウィン－ウィンではなくなるという関係が現れる。どの状況でも資源となる、という都合のいい資源もたくさんあるが、状況依存型の資源も存在する。「補完的生産者」は、その最たるもののひとつである。状況次第で、資源にも競合にもなる。

また、ゲーム論の興味深い特徴のひとつは、競合との協調である。本書においては、第3章の「認識しにくい外部資源」の項で詳説したように、有意識下だけでなく、競合が意識できない角度での協調も可能であることを示した。いずれにせよ、競合の活動も「資源」として認識するというのは、ゲーム論的なアプローチに対しても、一定の親和性を示しているといえるだろう。

おわりに

達成したい「目的」があり、その達成に対して「資源」の限界がある限り、戦略あるいは戦略的な思考は役に立つ。ここまで読まれたみなさんにはすでにご理解いただけたことだろう。

ビジネスはいうに及ばず、今日の釣り、明日のサッカー、週末の競馬、休暇中にプラモデルをつくるときや読書にすら戦略はありうる。ゲームと呼ばれる娯楽のほとんどすべてにも、戦略が適用できるだろう。どのゲームにも、目的があり資源に限界がある。でなければ、そもそもゲームにならない。いい戦略に基づいていれば、これらから得られる楽しみは大きくなるはずだ。買い物にも戦略はある。家を買う戦略はあるし、設定するつもりさえあれば、リンゴを買うのにだって戦略は考えられる。

ただ、リンゴに関していえば、リンゴを買うにあたっての戦略を考える時間も「資源」であることは忘れるべきではない。その「資源」、つまり時間はほかのことにも使えるきわめて汎用性の高い、しかしながら入手に関して融通の利かない資源である。本当にリンゴを買うための戦略を考えるのに使うべき「資源」かどうか、その「時間資源」を使って考えてみてもいい。

それに、この思考法はいささかの集中を必要とする。この時間を楽しめないのであれば、趣味に適用する必要はまったくない。

人物評価・評定の際に「戦略的だ」という記述が出てきた場合、戦略的思考に優れている彼や、発想が戦略性に富んでいる彼女は、必ずしも権謀術数に長けているとは限らない。特別に優れた知性をたまたま授けられたというわけでもないかもしれない。

ただ、危機的な状況を脱するために、誰も考えつかなかったような解決策を見つけたのかもしれないし、先行きの見えない中で迫り来る危機を誰よりも早く見出し、対策を打ち出して不可能を可能にしたのかもしれない。彼らは、なにを達成すべき「目的」とし、どのような「資源」を使えるのか、少しユニークで気付きにくい視点から再解釈し直して、その戦略に固執し続ける精神的な勇敢さを、きっと持っているに違いない。

今週も来週も、達成すべき目的を追い、そのために有限の資源をいかに有効に投下するか考え、実行するということが続いていくだろう。それは壮大な事業についてのことかもしれないし、新車を買うという重大な楽しみかもしれないし、週末の趣味かもしれない。

適用されるものがなんであれ、本書を通して、戦略という概念がいままでより明確で実践的な意味合いを持ち始めたのだとしたら喜ばしい限りである。

みなさんの日々の判断や計画立案がより戦略的になり、それぞれの資源がよりよく投下され、みなさんの目的がよりよく達成されますように。

本書の3頁に罫線を用意しました。
忘れる前に、いまのあなたの学びをまとめてみてください。

参考文献

『企業戦略論』ジェイB・バーニー（著）、岡田正大（訳）、ダイヤモンド社.
『補給戦』マーチン・ファン・クレフェルト（著）、佐藤佐三郎（訳）、原書房.
『戦争の変遷』マーチン・ファン・クレフェルト（著）、石津朋之（訳）、原書房.
『マーケティング22の法則』アル・ライズ／ジャック・トラウト（著）、新井喜美夫（訳）、東急エージェンシー.
『ブランディング22の法則』アル・ライズ／ローラ・ライズ（著）、片平秀貴（訳）、東急エージェンシー.
『ブランド・エクイティ戦略』デービッド・A・アーカー（著）、陶山計介・中田善啓・尾崎久仁博・小林哲（訳）、ダイヤモンド社.
『戦争論 レクラム版』クラウゼヴィッツ（著）、芙蓉書房出版.
『コア・コンピタンス経営』ゲイリー・ハメル／C・K・プラハラード（著）、一條和生（訳）、日本経済新聞出版社.
『孫子とクラウゼヴィッツ』マイケル・I・ハンデル（著）、杉之尾宣生・西田陽一（訳）、日本経済新聞出版社.
『イノベーションの普及』エベレット・ロジャーズ（著）、三藤利雄（訳）、翔泳社.
『グランズウェル』シャーリーン・リー／ジョシュ・バーノフ（著）、伊東奈美子（訳）、翔泳社.
『イノベーションのジレンマ』クレイトン・クリステンセン（著）、玉田俊平太（監修）、伊豆原弓（訳）、翔泳社.
『第一次世界大戦』リデル・ハート（著）、上村達雄（訳）、中央公論新社.
『戦略論』リデル・ハート（著）、森沢亀鶴（訳）、原書房.
『孫子』金谷治（訳注）、岩波文庫.
『マンガ 孫子・韓非子の思想』蔡志忠（作画）、和田武司（訳）、野末陳平（監修）、講談社.
『経営戦略の思考法』沼上幹（著）、日本経済新聞出版社.
『戦略的思考とは何か』岡崎久彦（著）、中公新書.
『フォーカス』アル・リース（著）、島田陽介（訳）、ダイヤモンド社.
『ブランド 価値の創造』石井淳蔵（著）、岩波新書.

著者：音部大輔（おとべ・だいすけ）

株式会社クー・マーケティング・カンパニー 代表取締役。17年間の日米P&Gを経て、欧州系消費財メーカーや資生堂などで、マーケティング組織強化やビジネスの回復・伸長を、マーケティング担当副社長やCMOとして主導。2018年より独立し、現職。消費財や化粧品をはじめ、輸送機器、家電、放送局、電力、D2C、医薬品、IP、BtoBなど、国内外の多様なクライアントのマーケティング組織強化やブランド戦略を支援。博士（経営学・神戸大学）。著書に『マーケティングプロフェッショナルの視点』（日経BP）、『The Art of Marketing マーケティングの技法―パーセプションフロー・モデル全解説』（宣伝会議）。

なぜ「戦略」で差がつくのか。
戦略思考でマーケティングは強くなる

発行日	2017年 3月10日　初版第1刷発行
	2024年 5月21日　　　第8刷発行
著　者	音部大輔
発行者	東 彦弥
発行所	株式会社宣伝会議
	〒107-8550　東京都港区南青山3-11-13
	tel.03-3475-3010（代表）
	http://www.sendenkaigi.com/
印刷・製本	中央精版印刷株式会社
装丁デザイン	ISSHIKI

ISBN 978-4-88335-398-9　C2063